Stuart Murray

Nackter Glaube

Stuart Murray

Nackter Glaube

Christsein in einer nachchristlichen Welt

Aus dem Englischen
übersetzt von Michael Josupeit

NEUFELD VERLAG

Wir unterstützen den Gebrauch inklusiver Sprache. Aus Gründen der besseren Lesbarkeit wird in diesem Buch jedoch auf die zusätzliche Formulierung der weiblichen Sprachform verzichtet. Wir weisen deshalb darauf hin, dass die ausschließliche Verwendung der männlichen Form explizit als geschlechtsunabhängig verstanden werden soll.

Die englische Originalausgabe dieses Buches erschien 2011 unter dem Titel *Naked Anabaptist – The Bare Essentials of a Radical Faith* bei Paternoster, einem Imprint von Authentic Media Limited, Milton Keynes, United Kingdom, www.authenticmedia.co.uk.

Die Edition Bienenberg erscheint in Zusammenarbeit mit dem Theologischen Seminar Bienenberg, Liestal/Schweiz, www.bienenberg.ch

Dieses Buch ist auch als E-Book erhältlich:
ISBN 978-3-86256-750-8, Bestell-Nummer 590 046E

Die Deutsche Bibliothek verzeichnet diese Publikation in der Deutschen Nationalbibliografie; detaillierte bibliografische Daten sind im Internet über www.d-nb.de abrufbar

Lektorat: Dr. Thomas Baumann, Frieder Boller
Umschlaggestaltung: spoon design, Olaf Johannson
Umschlagbild: Andrey Yurlov/Shutterstock.com
Satz: Neufeld Media, Weißenburg in Bayern
Herstellung: CPI – Clausen & Bosse, Birkstraße 10, 25917 Leck

2. Auflage 2020

ISBN 978-3-86256-046-2, Bestell-Nummer 590 046

www.neufeld-verlag.de

Bleiben Sie auf dem Laufenden:
newsletter.neufeld-verlag.de
www.facebook.com/NeufeldVerlag
www.neufeld-verlag.de/blog

NEUFELD VERLAG

Danke

Ich bin einer ganzen Reihe von Mitgliedern des *Anabaptist Network* zu Dank verpflichtet, die beim Zustandekommen dieses Buches beteiligt waren. Einige ihrer Gedanken tauchen in den ersten beiden Kapiteln dieses Buches auf. Andere haben Teile oder auch den ganzen Text gelesen, und mir einige aufschlussreiche Rückmeldungen gegeben

Meine Frau Sian hat ebenfalls den gesamten Text gelesen, mich dazu ermutigt, Bilder und noch mehr ‚Storys' einzufügen, und sie hat das, was ich geschrieben habe, auch auf die eine oder andere Art und Weise verbessert. Dafür bin ich sehr dankbar – und noch für vieles mehr.

Doug Hynd (Australien) und Tim Nafziger (USA) lieferten mir wertvolle Kommentare aus den anderen Teilen dieser Welt. Ganz besonders dankbar bin ich Alan Kreider, der ebenfalls das gesamte Manuskript gelesen hat, und dessen Anregungen den Text entscheidend verbessert und mich vor Fehlern bewahrt haben. Für alles, was jetzt noch davon vorhanden ist, trage ich die Verantwortung. Noel Moules danke ich für den exzellenten Titel.

Inhalt

Vorwort zur deutschen Ausgabe

Wird ein Buch gleich in mehrere Sprachen übersetzt, spricht dies in der Regel für seine inhaltliche Qualität. Dies gilt auch für das vorliegende Buch des britischen Theologen Stuart Murray, der sich seit vielen Jahren mit der Frage nach der Zukunft christlicher Kirchen und Gemeinden beschäftigt. Obschon er als Gemeindegründer und -berater über langjährige und vielfältige Praxiserfahrungen verfügt, liefern seine Publikationen nicht in erster Linie ausgefeilte Konzepte und Programme, die eine erfolgreiche Gemeindearbeit versprechen. Wenn er über das Christsein in einer nachchristlichen Welt schreibt, ist dies mit grundlegenden Anfragen an das Wesen und die Gestalt der Kirche verbunden. Daher verspricht dieses Buch, das zwar ursprünglich für den britischen Kontext geschrieben wurde, auch für den deutschsprachigen Raum eine anregende Lektüre. Denn auch bei uns sieht sich die kirchliche Landschaft mit dem tiefgreifenden Wandel vom Christentum hin zum Post-Christentum konfrontiert.

„Stell dir vor, die Kirchenglocken rufen zum Gottesdienst – und keiner geht hin." War dies hierzulande noch vor wenigen Jahrzehnten weitgehend unvorstellbar, sind spärlich besetzte Kirchenbänke mittlerweile eine sonntägliche Realität. Vielerorts steht die Kirche zwar noch immer mitten im Dorf, doch landauf, landab ist der einstige gesellschaftliche Lebensmittelpunkt für viele Menschen bloß noch ein Fall für die „besonderen Fälle" des Lebens, wie Taufe, Konfirmation, Hochzeit oder Beerdigung. Natürlich ließen sich nun an dieser Stelle durchaus Beispiele wachsender und blühender Gemeinden aufzählen. Dennoch wird letztlich niemand ernsthaft leugnen, dass sich der Einfluss der christlichen Kirchen auf das gesellschaftliche Leben massiv verringert hat. Ja noch mehr: Es ist nicht übertrieben, vom Ende des Christentums zu reden. Dies meint freilich nicht, dass die spezifisch christlichen Glaubensinhalte für unsere Gesellschaft jegliche Bedeutung verloren haben. Und noch viel weniger ist damit gesagt, dass die Menschen heute nicht mehr an spirituellen Fragen interessiert sind. Was sich jedoch auflöst, ist die umfassende Dominanz der christlichen Kultur, die Kirche und Staat über Jahrhunderte nicht zuletzt mit Hilfe von Macht, Geld und Gewalt aufgebaut haben.

Der Begriff „Christentum" steht in diesem Buch daher für eine historische Epoche, in der sämtliche Bereiche des Lebens christlich umhüllt waren und Menschen darin beinahe ausnahmslos zu Christen „gemacht" wurden. Trugen Kirche und Staat in dieser Zeit ganz selbstverständlich dasselbe Gewand, emanzipierte sich die Aufklärung von dieser Uniformität und gab dem „christlichen" Abendland erste entscheidende Anstöße, sich seiner kulturell-religiösen Kleider nach und nach zu entledigen. Offensichtlich mit Erfolg, denn waren das Christentum und seine Institutionen nach dem Aufstieg zur Staatsreligion jahrhundertelang *die* prägende Kraft für Gesellschaft und Kultur, ist heute der christliche Glaube bloß noch *ein* Sinnangebot auf dem Markt der religiösen Möglichkeiten. Die Selbstverständlichkeit des Christseins ist damit in unserer nachchristlichen Gesellschaft ebenso dahin, wie jene Privilegien, die Angehörige einer dominierenden Staatsreligion gerne in Anspruch nehmen. Zunehmend an den gesellschaftlichen Rand gedrängt, ist das Christsein nunmehr auf seinen nackten Glauben zurückgeworfen.

Für die Kirche, die während rund 1500 Jahren die abendländische Kultur maßgeblich eingekleidet hat, ist diese Nacktheit ungewohnt und irritierend. Es erstaunt daher nicht, dass mancherorts der Ruf nach den alten Kleidern zu vernehmen ist, die den verlorenen Einfluss des Christentums zurückbringen mögen. Stuart Murray zählt nicht zu jenen Stimmen. Im Gegenteil. Den Niedergang der christlichen Vorherrschaft hält er für eine begrüßenswerte Entwicklung. Natürlich freut er sich nicht darüber, dass viele Menschen dem christlichen Glauben wenig Sinn und Orientierung für das eigene Leben abgewinnen können. Aber im Verlust der gesellschaftlichen Machtposition sieht er die Möglichkeit, dass Christsein wieder „jesusähnlicher" werden kann. Die gegenwärtige Nacktheit der Kirche ist demnach nicht zwingend eine Demütigung, sondern verweist Christen gerade auf ihre ursprüngliche Bestimmung. Denn die Kraft des christlichen Glaubens ortet Stuart Murray nicht in der im Christentum üblichen Allianz von Kirche und politischer Elite, sondern in einem mutigen und doch verletzlichen Christsein, das sich konsequent am Leben Jesu orientiert.

Wer sich heutzutage mit kirchenkritischen Menschen unterhält, merkt jedoch schnell: Die Schatten des Christentums sind noch immer lang. Die Gleichsetzung der Kirche mit Gewalt, Reichtum und Macht ist weit verbreitet und vielfach ein Argument gegen jegliche ernsthafte Auseinandersetzung mit dem christlichen Glauben. Stuart Murray nimmt dies ernst und will zeigen, dass Kirche anders sein kann – ja, anders sein muss. Als Inspirationsquelle und Gesprächspartner dient ihm dabei die täuferisch-mennonitische Tradition, die ihren Ursprung in der Reformationsbewegung des 16. Jahrhunderts hat. Einige Weggefährten des Zürcher Reformators Huldrych Zwingli kritisierten bereits damals die in ihren Augen unheilvolle Allianz von Kirche und Obrigkeit. Mit ihrem Pochen auf eine freiwillige Kirchenmitgliedschaft, ihrem Streben nach einer macht- und gewaltlosen Kirche sowie ihrer Verweigerung von Eid und Kriegsdienst provozierten sie einst den Zorn der Mächtigen. Was damals harte Repressionen durch Kirche und Staat nach sich zog, ist nun nach Stuart Murray auch für das Christsein in einer nachchristlichen Welt geboten. Dass er just in der täuferisch-mennonitischen Bewegung wegweisende Impulse findet, ist dabei alles andere als eine Selbstverständlichkeit. Zum einen spielt sich das Täufertum am Rande der kirchengeschichtlichen Hauptstränge ab und fristet dort ein oft derart unbekanntes Dasein, dass es sich bestenfalls als interessantes Forschungsobjekt für Historiker und Theologen eignet. Zum anderen ist Stuart Murray selbst kein Mennonit, sondern hatte als Baptist lange Zeit keinerlei Berührungspunkte mit der täuferisch-mennonitischen Tradition.

Wenn er in diesem Buch von der bleibenden Bedeutung dieser Art des Christseins schreibt, tut er dies daher nicht mit der Absicht, seine Leserinnen und Leser von der Richtigkeit oder gar der Überlegenheit *seiner* Glaubenstradition zu überzeugen. Wie er mit dem englischen Originaltitel des Buches – *The Naked Anabaptist* – andeutet, geht es ihm um freigelegte Glaubensinhalte jenseits bestimmter traditioneller und konfessioneller Formen. Er betreibt denn auch nicht eine Glorifizierung des historischen Täufertums, wenngleich das Buch diesbezüglich an manchen Stellen etwas idealisierend wirkt. Vielmehr versucht der Autor aus einer täuferischen Perspektive den nackten Kern des Christseins zu beschreiben und damit zu zeigen, was diese Überzeugungen für den Glauben heute bedeuten – ganz gleich, in welchem Kontext. Dieses Anliegen teilt Stuart Murray in Großbritannien seit einigen Jahren mit Christen, die unterschiedlichen Denominationen angehören und sich im *Anabaptist Network* (www.anabaptistnetwork.com) zusammengefunden haben. Das Buch ist denn auch ein Resultat der gemeinsamen theologischen Reflexion innerhalb dieses Netzwerkes und erläutert im Wesentlichen sieben daraus hervorgegangene Grundüberzeugungen für ein Christsein in einer nachchristlichen Welt.

Auch wenn die Begriffe „Täufer" oder „täuferisch-mennonitisch" in Kontinentaleuropa längst nicht so positiv besetzt sind, wie etwa das englische „anabaptist" im angelsächsischen Raum, rückt das theologische Erbe dieser Tradition auch hier bei uns verstärkt ins Bewusstsein. Dazu beigetragen haben in den vergangenen Jahren sicherlich die vielen Versöhnungsfeiern und Dialoge zwischen Mennoniten und unterschiedlichsten Konfessionen. Weiter folgte der Ökumenische Rat der Kirchen (ÖRK) mit der Dekade zur Überwindung von Gewalt (2001 – 2010) einer mennonitischen Initiative und auch im gegenwärtigen Diskurs rund um eine missionale Theologie und Praxis werden täuferische Anliegen verstärkt aufgegriffen. Kurz: Kaum je zuvor wurden diese theologischen Überzeugungen an so unterschiedlichen Orten konstruktiv aufgegriffen und verarbeitet. Die Zeit scheint dafür reif zu sein.

Als Theologisches Seminar Bienenberg fördern wir diese Auseinandersetzung mit der Geschichte und Theologie des Täufertums und freuen uns daher über dieses Buch. Die Lektüre sei einerseits Mitgliedern täuferisch-mennonitischer Gemeinden empfohlen, die ihre Gemeinderealität mitunter eher als verstaubt und traditionalistisch empfinden. *Nackter Glaube* verweist sie in einer frischen Sprache auf die innovative und dynamische Kraft, die ihrer eigenen Tradition innewohnt und vermag hoffentlich die mancherorts unter der Asche glimmende Glut für ein mutiges Christsein in einer nachchristlichen Welt neu zu entfachen. Andererseits dürfen hier aber auch nicht-mennonitische Leserinnen und Leser inspirierende Gedanken erwarten, wie die folgenden Zeilen von Shane Claiborne zu diesem Buch deutlich machen: „In einer Welt, die sich der Leere des Materialismus und der Hässlichkeit des Militarismus zunehmend bewusst wird, beginnen die Täufer immer interessanter zu werden. Täuferische Logik wurzelt in der Weisheit vom Kreuz Jesu, die die Weisheit der Welt infrage stellt. Es scheint, die Welt ist bereit für eine neue täuferische Bewegung, und Nackter Glaube könnte der Funke sein, dieses Feuer zu entzünden."

Unser aufrichtiger Dank geht an alle, die das Erscheinen des Buches in der Edition Bienenberg ermöglicht haben. Möge es dazu dienen, den Niedergang des Christentums nicht als Katastrophe, sondern als neue Chance für ein glaubwürdiges Christsein in dieser Welt zu verstehen.

Lukas Amstutz
Theologisches Seminar Bienenberg

KAPITEL 1

Das Täufertum – eine Bewegung, deren Zeit gekommen ist?

Wachsendes Interesse

„Die Täufer sind zurück!", ließ ein amerikanischer Autor vor einigen Jahren in einem gleichnamigen Buch verlauten.[1] Er war von dem wachsenden Interesse an der täuferisch-mennonitischen Tradition in Nordamerika fasziniert. Zwanzig Jahre später scheint sich überraschenderweise etwas Ähnliches in anderen Ländern zu ereignen, in denen die Täufer nur eine geringe oder gar keine Wirkungsgeschichte hatten. Christen aus verschiedenen Denominationen und Traditionen – Evangelikale, Liberale, Charismatiker, Protestanten, Katholiken und Pfingstler – sie alle beschäftigen sich intensiver mit der Täuferbewegung und viele unter ihnen greifen deren Vision auf. Dieses Buch versucht, das wachsende Interesse an einer Tradition zu erklären, die lange als unbedeutend, häretisch oder auch als beides abgelehnt wurde. Es bietet eine einfache Einführung in die täuferische Bewegung und es untersucht dessen gegenwärtige Bedeutung.

1 Duane Ruth-Heffelbower, *The Anabaptists are Back!* (Scottdale, PA: Herald Press, 1991).

Ein schlüssiger Rahmen für meine Überzeugungen

Meine ersten Begegnungen mit der täuferischen Tradition hatte ich in den frühen 1980er-Jahren als junger Gemeindegründer im östlichen Teil von London. Ich lebte in einer der ärmsten städtischen Gemeinden in England und machte mich auf die Suche nach Ressourcen, die mir dabei helfen sollten, die Armut, Ungerechtigkeit, Entbehrung und die vielen unterschiedlichen Glaubensgemeinschaften in meiner Nachbarschaft zu verstehen und mich entsprechend zu engagieren. Und ich suchte nach neuen Perspektiven für die Jesusnachfolge, die Gemeinschaft, die Kirche und die Mission.

Ich las verschiedenste Bücher und fand heraus, dass einige der hilfreichsten von Mennoniten verfasst worden waren. Von diesen Leuten hatte ich noch nie gehört, aber ihre Werte fanden bei mir einen Widerhall und ich schätzte ihre Einsichten. Fasziniert verfolgte ich ihre Geschichte zurück bis in das 16. Jahrhundert und entdeckte dabei, dass sie Nachkommen der sogenannten Täufer waren. Ich erinnerte mich vage an Hinweise auf die Täufer in Büchern über die Kirchengeschichte (viele davon abwertend oder kritisch), aber ich wusste nur wenig darüber, wer sie waren oder was sie glaubten.

Je mehr ich aber über die Täuferbewegung las, desto mehr fühlte ich mich zu Hause. Als instinktiver, aber ziemlich gedankenloser Pazifist, vermittelte sie mir einen schlüssigen theologischen Rahmen für meine Überzeugungen. Für meine Sehnsucht nach authentischer Gemeinschaft und ganzheitlicher Nachfolge bot sie herausfordernde Beispiele und praktische Weisheit. Überzeugt von dem, was ich erst später als „viel-stimmige Gemeinde“ bezeichnen sollte, entdeckte ich im frühen Täufertum Gemeinschaften, die genau dies praktizierten. Und ich war aufgewachsen in einem kirchlichen Umfeld, in dem die Briefe des Neuen Testaments im Allgemeinen über die Evangelien gestellt wurden. Die täuferische Bewegung forderte mich heraus, stärker christozentrisch zu werden, und das Leben und die Lehre Jesu wesentlich ernster zu nehmen.

Vielleicht das Spannendste in meiner Situation als Gemeindegründer war jedoch, dass die Täufer leidenschaftliche Missionare waren. Sie lebten ihren Glauben auch gegen die herrschende Kultur konsequent aus. Und begeistert teilten sie ihre Glaubensüberzeugungen mit anderen. Viele von ihnen waren Gemeindegründer. War es wirklich möglich, beidem verpflichtet zu sein, dem Frieden und der Evangelisation, der Verkündigung und dem Streben nach Gerechtigkeit? Dieser ganzheitliche Missionsansatz überzeugte mich davon, dass ich, auch ohne mennonitisch aufgewachsen zu sein, doch ein überzeugter Täufer war.

Bald danach, in einer kleinen Arbeitsgruppe mit einigen anderen, die mein Interesse an den Täufern teilten, begann ich zu realisieren, wie viel diese alte Bewegung den Christen im Westen an der Schwelle zum Post-Christentum zu bieten hatte.

Wir sind Teil einer sich verändernden Kultur, in der alle Christen eher am Rand der Gesellschaft leben. Die an sich eher marginale missionarische Täuferbewegung schien uns ungewöhnlich gut dafür geeignet, folgendes zu klären. Mission muss das gängige Bemühen um die Aufrechterhaltung des kirchlichen Lebens ersetzen. Und was könnte es bedeuten, sich an dieser Mission zu beteiligen? In einer Welt, in der Jesus die Menschen immer noch fasziniert, die Kirche das aber nicht tut, ist der Jesus der Täuferbewegung eine kraftvolle Quelle für die Mission.

Netzwerke entstehen

Aus dieser kleinen Arbeitsgruppe entstand dann im Jahr 1991 das *Anabaptist Network*. Es dient Christen aus vielen Gemeinden und Denominationen in England, die über das Täufertum gestolpert waren und jetzt nach weiteren Ressourcen und Möglichkeiten suchten, gemeinsam zu lernen. In den letzten zwanzig Jahren sind täuferische Netzwerke auch in anderen Ländern aus dem Boden geschossen – Australien und Neuseeland, Südafrika, Korea, China, Kanada, den Vereinigten Staaten und – in allerjüngster Zeit – Skandinavien. In den meisten dieser Länder gab es historisch gesehen, nahezu keine Täufer, und die Mehrzahl derjenigen, die sich an diesen Netzwerken beteiligen, kommt nicht aus den historischen Denominationen der Täufer. Aber sie werden von der Vision der Täufer angezogen und hungern nach ihren Ressourcen.

Das ist ein überraschendes Phänomen und scheint sich immer mehr zu beschleunigen. So begannen sich manche von uns zu fragen, ob das Täufertum nach beinahe fünf Jahrhunderten der Marginalisierung und der nicht gerade geringen Feindseligkeit, eine Bewegung sein könnte, deren Zeit gekommen ist. Wer mit dem Täufertum nicht vertraut ist, findet in Kapitel 6 einen kurzen historischen Abriss von dessen Anfängen im 16. Jahrhundert bis in die heutige Zeit. Doch das Anliegen dieses Buches konzentriert sich vor allem auf die gegenwärtige Bedeutung der Tradition, die sich aus dieser Bewegung heraus entwickelt hat.

Grundüberzeugungen

Vor einigen Jahren stellten Mitglieder des *Anabaptist Network* in England und Irland sieben „core convictions" (Grundüberzeugungen) zusammen. Sie sind unser Versuch, das Wesen der Täuferbewegung herauszudestillieren. Jede dieser Grundüberzeugungen drückt etwas von dem aus, was wir glauben und beschreibt dann die Konsequenz, zu der dieser Glaube führt. Diese Überzeugungen wurden bereits von einigen täuferischen Netzwerken in anderen Ländern übernommen. Wir hoffen, dass viele Leser sie ebenso inspirierend und herausfordernd empfinden wie wir. Bevor wir uns den einzelnen Grundüberzeugungen zuwenden, einige wichtige Vorbemerkungen:

Erstens: Diese Überzeugungen stellen einen Versuch dar, aus der täuferischen Tradition zu lernen und ihre Einsichten auf aktuelle Zeitfragen anzuwenden. Sie sind keine Update-Version historischer Täufer-Dokumente, und sie behandeln einige Themen, mit denen sich frühere Generationen nicht so intensiv beschäftigt haben.

Zweitens: Das *Anabaptist Network* ist eine vielfältige und verstreute Gemeinschaft, für die es keinerlei Mitgliedskriterien gibt. Wir bitten die Beteiligten nicht darum, die Grundüberzeugungen zu unterschreiben. Aber wer sich beteiligt, unterstützt sehr wahrscheinlich zumindest einige dieser Überzeugungen. Sie stellen jedoch keinen ideologischen Filter dar. Die Grundüberzeugungen bringen die Prioritäten, Anliegen und Verpflichtung derer zum Ausdruck, die dieses

Netzwerk gegründet haben, und die in den letzten Jahren mitgeholfen haben, es zu formen.

Drittens: Es handelt sich hier um Überzeugungen, nicht um ein Glaubensbekenntnis. Die Täufer waren immer schon skeptisch gegenüber festgelegten Glaubensbekenntnissen, da diese den Eindruck erwecken, es bestünde keine Notwendigkeit mehr auf andere zu hören oder weiterhin mit der Schrift zu ringen. Glaubensbekenntnisse (Credos) befassen sich ausschließlich mit Glaubensinhalten, aber die Täufer sind genauso auch an praktischen Verhaltensweisen interessiert. Und nur allzu oft wurden Bekenntnisse dazu gebraucht, Abweichler zum Schweigen zu bringen, auszuschließen und zu verfolgen, anstatt anhand der Bekenntnisse weiter im Gespräch zu bleiben. Die Täufer haben dagegen Überzeugungen (confessions) formuliert – Aussagen, die nicht darauf angelegt waren, alles umfassend darzustellen, sondern eher charakteristische Glaubenserkenntnisse und Praktiken zu beschreiben. Sie alle sind provisorischer – also vorläufiger – Natur, und offen für Revisionen im Licht neuer Einsichten.

Viertens: Die Verpflichtungen, die in diesen Grundüberzeugungen ausgedrückt werden, sind eher als Ziele zu verstehen und weniger als Errungenschaften. Schon die erste macht deutlich, dass Täufer die Jüngerschaft als „Nachfolge“ interpretieren. Sie sind damit sehr zurückhaltend zu behaupten, sie wären schon „fertig“. Glaubensüberzeugungen brauchen immer ein „und jetzt?“.

Mit diesen Hinweisen im Hinterkopf, folgen jetzt die sieben Grundüberzeugungen (core convictions).

1

Jesus ist unser Vorbild, Lehrer, Freund, Erlöser und Herr. Er ist die Quelle unseres Lebens, der zentrale Bezugspunkt für unseren Glauben und unseren Lebensstil, für unser Verständnis von Kirche und für unser Engagement in der Gesellschaft. Wir sind entschlossen, Jesus nachzufolgen und anzubeten.

2

Jesus ist der Dreh- und Angelpunkt der Offenbarung Gottes. Wir sind einem Jesus-zentrierten Zugang zur Bibel verpflichtet. Zugleich ist die Gemeinschaft der Glaubenden unser primärer Kontext, in dem wir die

Bibel lesen und über die Konsequenzen für unsere Nachfolge entscheiden.

3

Die westliche Kultur entwächst allmählich einer vom Christentum dominierten Ära, in der Kirche und Staat gemeinsam die Gesellschaft leiteten und die nahezu jeden Menschen als Christ verstand. Ungeachtet seiner positiven Beiträge im Blick auf Werte und Institutionen, hat dieses Christentum das Evangelium verzerrt. Es marginalisierte Jesus und hinterlässt die Kirchen schlecht ausgerüstet für die Mission in einer nachchristlichen Welt. Bewegungen wie die der Täufer haben diese Art Christentum zurückgewiesen und nach alternativen Denkansätzen und Verhaltensweisen gesucht. Unsere Reflexion darüber bewegt uns, von deren Erfahrungen und Perspektiven zu lernen.

4

Die häufige Verbindung der Kirche mit Status, Reichtum und Macht ist der Nachfolge Jesu unangemessen und schadet unserem Zeugnis. Wir verpflichten uns, nach Wegen zu suchen, die für die Armen, Machtlosen und Verfolgten gute Nachricht sind. Wir sind uns bewusst, dass diese Art der Nachfolge Widerspruch auslösen und zum Leiden führen kann, ja manchmal sogar im Martyrium enden könnte.

5

Gemeinden sind dazu berufen, verbindliche Gemeinschaften der Nachfolge und Mission zu sein, Orte der Freundschaft, der gegenseitigen Verantwortlichkeit und eines vielstimmigen Gottesdienstes. Wir teilen Brot und Wein miteinander und stärken unsere Hoffnung, indem wir uns gemeinsam auf Gottes Herrschaft ausrichten. Hier werden Junge und Alte wertgeschätzt, Leiterschaft wird in beratender Haltung ausgeübt, Dienste werden geschlechtsunabhängig und gabenorientiert wahrgenommen, und es wird die Glaubenstaufe praktiziert. Solche Gemeinden wollen wir fördern und entwickeln.

6

Spiritualität und Ökonomie sind eng miteinander verbunden. In einer individualistischen und konsumorientierten Gesellschaft und in einer

Welt voller ökonomischer Ungerechtigkeit sind wir entschlossen, Wege eines einfachen Lebensstils zu finden, großzügig zu teilen, die Schöpfung zu bewahren und uns für Gerechtigkeit einzusetzen.

7

Frieden ist das Herz des Evangeliums. Als Nachfolger Jesu in einer uneinigen und gewalttätigen Welt suchen wir nach gewaltlosen Alternativen. Wir lernen, wie sich Frieden stiften lässt zwischen einzelnen Menschen, innerhalb und zwischen Kirchen, in der Gesellschaft und zwischen Nationen.

Es fällt sofort auf, dass hier rein gar nichts über fundamentale theologische Themen wie die Trinität, die Buße oder die Eschatologie gesagt wird. Die Aussagen geben auch nicht vor, alle Aspekte der angesprochenen Themen abzudecken, wie zum Beispiel die Schrift, die Kirche und die Mission.

Diese Grundüberzeugungen sollen nicht alles umfassend darstellen, und kein Credo oder Glaubensbekenntnis ersetzen oder ein solches untergraben. Die große Mehrheit der Täufer, damals wie heute, bejaht gerne die ökumenischen Glaubensbekenntnisse, die bereits vor Jahrhunderten die Grenzen der Rechtgläubigkeit festlegten und den Kern des christlichen Glaubens zusammenfassten. Obwohl manche (wie wir noch sehen werden) auf überraschende und bedenkliche Lücken in eben diesen Glaubensbekenntnissen hingewiesen haben. Im Blick auf diese Glaubensbekenntnisse und Bekenntnisgrundlagen haben die täuferischen Grundüberzeugungen ergänzenden Charakter. Sie versuchen nicht, alles mit einzubeziehen, was täuferische Christen mit Christen aus anderen Traditionen gemeinsam haben. Ohne alles aufzuzählen was sie glauben, konzentrieren sie sich auf Aspekte, zu denen die täuferische Tradition eine ganz bestimmte Sichtweise vertritt.

Diese Sichtweisen sind somit eher charakteristisch als einzigartig. Andere Christen werden sicherlich zumindest einigen dieser Überzeugungen zustimmen, auch wenn sie sich von anderen distanzieren oder näher geklärt sehen wollen, was diese bedeuten. Sie bieten jedoch einen Weg, Nachfolge Jesu ungewöhnlich ganzheitlich zu verstehen und zu leben. Wenn wir diese Überzeugungen in den kommenden vier

Kapiteln genauer erläutern, mag der eine oder andere Aspekt trotzdem noch Fragen aufwerfen oder Anstoß erregen. Aber eine wachsende Zahl von ganz unterschiedlichen Christen hat in ihnen ein christliches Glaubensverständnis gefunden, das dem Leben und der Lehre Jesu entspricht und in eine nachchristliche Gesellschaft und Kultur passt.

KAPITEL 2

Jesus nachfolgen

Die täuferische Bewegung ist zutiefst Jesus-zentriert und eng verbunden mit dem Ruf, Jesus „nachzufolgen". Daher ist ihre Spiritualität schon überschrieben worden mit *Following in the Footsteps of Christ (dt. in etwa: Nachfolge in den Fußspuren Christi)*.[2] Die ersten beiden Grundüberzeugungen sind der Versuch, einige Auswirkungen der Nachfolge Jesu deutlich zu machen. Dies ist unsere Ausgangsbasis.

> **Die erste Grundüberzeugung:**
> Jesus ist unser Vorbild, Lehrer, Freund, Erlöser und Herr. Er ist die Quelle unseres Lebens, der zentrale Bezugspunkt für unseren Glauben und unseren Lebensstil, für unser Verständnis von Kirche und für unser Engagement in der Gesellschaft. Wir sind entschlossen, Jesus nachzufolgen und anzubeten.

Wenn täuferische Christen davon reden, Jesus nachzufolgen oder Jesus-zentriert zu sein („christozentrisch"), könnten andere Christen perplex oder beleidigt sein. Alle Christen sind Jesus-zentriert und dazu entschlossen, Jesus nachzufolgen, mögen sie erwidern. Wenn es doch nur so einfach wäre! Wir halten uns nicht allein für Jesus-zentriert oder für bessere Nachfolger Jesus als andere. In der Tat tendieren

[2] C. Arnold Snyder, *Following in the Footsteps of Christ* (London: Darton, Longman & Todd, 2004).

wir eher dazu, zurückhaltend zu sein, wenn es um Aussagen über den geistlichen Status oder Leistungen geht. Und wir sehen in vielen anderen Traditionen ebenfalls wundervolle Christen, deren Leben auf Jesus ausgerichtet ist und die ihm treu und mutig nachfolgen. Aber wir meinen, dass Jesus in der Geschichte der Kirche sehr oft an den Rand gedrängt worden ist – in der Praxis, wenn nicht sogar in der Theorie – und dass dieses Erbe sehr problematisch ist.

Vom Zentrum an den Rand

Der „Übergang ins Christentum" im 4. Jahrhundert ist aus täuferischer Sicht der Moment, als man begann, Jesus an den Rand zu drängen. Das geschah, als der römische Kaiser Konstantin I. den christlichen Glauben übernahm und sich entschied, das Heidentum durch das Christentum als bevorzugte Religion des römischen Reiches zu ersetzen. In den vorhergehenden drei Jahrhunderten hatte die Kirche von den Rändern der Gesellschaft her in sie hinein gewirkt. Konstantin lud nun die Kirche dazu ein, in die Mitte zu kommen und ihm bei der Christianisierung des Reiches zur Seite zu stehen. Verschwenderisch ließ er seine Mittel und seine Gunst der christlichen Gemeinde zukommen. So setzte er einen Prozess in Gang, der zwar Jahrhunderte bis zu seiner Vollendung benötigte, der aber letztendlich ganz Europa in eine christinanisierte Gesellschaft hineinführte. Bekannt wurde es als das „christliche Abendland" oder „Christentum" (christendom). In dieser Gesellschaft befand sich die Kirche nicht mehr länger an den Rändern, sondern mitten im Zentrum. Und zwar als ein Großgrundbesitzer, in einer Partnerschaft mit dem Staat, und als Hüterin der moralischen und geistlichen Werte.

Trotz seiner unbestrittenen Leistungen hat unserer Auffassung nach diese Struktur und Gestalt des „Christentums" den christlichen Glauben gravierend verfälscht. Auf dem Weg vom Rand ins Zentrum zahlte die Kirche einen hohen Preis: Jesus wurde aus dem Zentrum an den Rand gedrängt.

Dafür gibt es viele Belege. Vergleichen Sie einmal Predigten, die am Ende des 3. Jahrhunderts gehalten wurden, mit denen vom Ende des 4. Jahrhunderts, und fragen Sie sich, wohin die Lehre Jesu verschwunden ist. Vergleichen Sie künstlerische Darstellungen aus der frühchristlichen Zeit mit Abbildungen von Jesus aus der christlich-konstantinischen Zeit und beachten Sie, wie der gute Hirte durch eine unnahbare, imperiale Figur ersetzt worden ist (die Konstantin tatsächlich nicht unähnlich ist). Sehen Sie sich die ökumenischen Glaubensbekenntnisse an, die in der Frühzeit des Christentums entstanden sind. Ohne irgendeinen Bezug auf sein Leben, führen sie direkt von der Geburt Jesu zu seinem Tod („geboren von der Jungfrau Maria, gelitten unter Pontius Pilatus"). Einige zeitlich frühere Glaubensbekenntnisse haben vielleicht auch nicht viel mehr über das Leben Jesu enthalten, aber sie wurden begleitet von einer sorgfältigen Glaubensunterweisung neuer Christen (bekannt als „Katechese"). Solche Unterweisung malte den Täuflingen das Leben und die Lehre Jesu deutlich vor Augen. Gegen Ende des 4. Jahrhunderts war dieses System der Glaubensunterweisung völlig überfordert durch die gewaltige Zahl der Menschen, die in die Kirche hineinströmten, die sich ja nun der kaiserlichen Gunst erfreute. Viel weniger Zeit wurde nun auf die Lehre Jesu verwandt. Betont wurden jetzt die Einheitlichkeit des Glaubens und das Vermeiden von Häresien. Von kontrastgesellschaftlicher Nachfolge war keine Rede. Die Glaubensbekenntnisse waren für diesen Prozess außerordentlich wichtig, Leben und Lehre Jesu schienen es dagegen nicht zu sein.

Christen des 4. Jahrhunderts rangen damit, sich einem neuen sozialen und politischen Kontext anzupassen. Daher gab es nachvollziehbare Gründe, warum die Reichskirche Jesus marginalisierte. Seine Lehre war ja schon für eine machtlose, unbedeutende Gemeinschaft herausfordernd genug gewesen. Sie erschien nun aber Christen, die Verantwortung für ein Imperium übernahmen, völlig unrealistisch und ungeeignet. Was bedeutete es jetzt „eure Feinde zu lieben" (Mt 5,44) oder „sich nicht um den morgigen Tag zu sorgen"? (Mt 6,34) Wie ließen sich solche Anweisungen in die Außen- oder Wirtschaftspolitik übersetzen? Jesus schien diese Entwicklung nicht vorausgesehen zu haben und auch keinen Rat für die bereit zu halten, die es mit der Verwaltung des Reiches zu tun hatten. Dankbar wandten sich die Kirchenleiter dem Alten Testament zu, um sich dort Orientierung zu holen: Immerhin hatte Israel eine florierende Wirtschaft, Grenzen zu verteidigen und ein Sozialwesen zu organisieren.

Aber die Lehren Jesu waren nicht das einzige Problem. Noch viel heikler waren sein Lebensstil, seine Leidenschaft für die Gerechtigkeit, seine Konfrontationen mit den Reichen und Mächtigen (die gleichen Leute, die die Kirchen jetzt umwarben), seine Fürsorge für die Ausgestoßenen und Unterdrückten, seine Weigerung, soziale Normen und traditionelle Geschlechterrollen zu billigen. Als die Kirche immer mehr unter die „Macher" ging, wurde es schwieriger zu verstehen, wie man dem „Freund der Sünder" zu folgen und den nachzuahmen habe, der eindeutig den „Gebeutelten" Priorität einräumte. Jesu Werte und Verhalten hatten die Gesellschaft auf den Kopf gestellt: die Letzten werden die Ersten sein (vgl. Mt 19,30). Das war störend und unerträglich für eine Kirche, die einen Ehrenplatz in einer hierarchischen Gesellschaft akzeptierte und genoss.

Noch schlimmer war die peinliche Erinnerung daran, dass Jesus von demselben Römischen Reich getötet worden war, das ihn jetzt als sein Aushängeschild haben wollte. Dem war nicht zu entrinnen, obwohl viele versuchten, diese Schande den Juden als den „Christus-Mördern" anzuheften. Zugute halten muss man denjenigen, die damals die Glaubensbekenntnisse formulierten, dass sie den Namen des römischen Statthalters, Pontius Pilatus, als den Verantwortlichen für die Hinrichtung Jesu nannten. Das Kreuz symbolisierte für die ersten Christen auf machtvolle Weise den Triumph der Liebe über den Hass, der Vergebung über die Vergeltung, die Hingabe des Lebens, statt das Leben zu nehmen. Aber es repräsentierte auch die Brutalität und Unterdrückung des Römischen Reiches. Das drohte sie ja ebenso zu vernichten, wie es schon Jesus zum Schweigen gebracht hatte. Als die Verfolgung der Christen dann aufhörte, mussten diese Erinnerung unterdrückt und dieses aussagekräftige Symbol neu interpretiert werden.

Was konnte die Reichskirche tun? Offensichtlich konnten ihre Urheber nicht völlig aus dieser Geschichte wegretuschiert werden. Aber das Leben und die Lehre Jesu konnten neu bewertet, neutralisiert und gezähmt werden. Die Art und Weise, wie man mit Bergpredigt in der christlich-konstantinischen Ära umging, ist ein klassisches Beispiel für diesen Prozess. Theologen und Prediger fanden ausgeklügelte Wege, um den Herausforderungen der Bergpredigt auszuweichen.

Einige behaupteten, es handele sich um eine Verpflichtung für den Klerus und die Mönche, die allerdings für die meisten Christen unerreichbar sei. Andere sagten, sie beziehe sich nicht auf die gegenwärtige Zeit, sondern beschreibe das Leben im kommenden Reich Gottes. Viele schlugen vor, sie könne nur auf den privaten Bereich des Lebens angewandt werden, und nicht auf das öffentliche Leben im Reich. Eine andere Interpretation vermittelte die Gewissheit, dass sie nicht dazu da sei, befolgt zu werden. Sie zeige nur die Unmöglichkeit des Gehorsams auf und diene so dazu, die Menschen wieder auf die Gnade Gottes zurückzuwerfen. Oder vielleicht sei sie nur auf eine innere Einstellung anwendbar, nicht aber auf äußeres Verhalten. Demnach war es dann auch möglich, die Feinde zu lieben, in deren Körper man sein Schwert hinein stieß.

Verehrt aber nicht zum Vorbild genommen

Diese theologischen Neuinterpretationen gewährleisteten, dass die Lehre Jesu zur gleichen Zeit geehrt und ignoriert werden konnte. Ebenso konnte die Reichskirche Jesus anbeten und verehren, indem sie ihn in eine unnahbare, imperiale Figur umwandelte und seine Göttlichkeit stärker betonte als seine Menschlichkeit. Es enthob sie der Herausforderung, auf ihn hören zu müssen, seinem Beispiel nachzuahmen oder ihm nachzufolgen. Jesus konnte effektvoll marginalisiert werden, ohne ihn dabei offen herabzusetzen.

Aber es war die erschreckende Neuinterpretation der Bedeutung des Kreuzes, die den größten Triumph (oder Kompromiss) der Reichschristentum darstellte. Es war nicht mehr länger ein Symbol für die gewaltlose, sich aufopfernde Liebe. Schamlos wurde das Kreuz in eine militärische Standarte umgewandelt. Armeen marschierten unter dem Zeichen des Kreuzes in die Schlacht, und „das Kreuz auf sich zu nehmen" meinte eher die Bereitschaft zu töten, als zu sterben.[3]

Es kam in der christlich-konstantinischen Ära zu ganz unterschiedlichen Reaktionen darauf, dass Jesus auf diese und andere Weise

[3] Für weitere Details vgl.: Stuart Murray, *Post-Christendom: Church and Mission in a Strange New World* (Carlisle: Paternoster, 2004).

an den Rand gedrängt wurde. Die Mönchsbewegung war ein Versuch, zu Jesu radikalen Lehren zurückzukehren und nach ihnen zu leben. Christliche Mystiker und Erneuerungsbewegungen fanden sich mit dem unnahbaren Christus nicht ab, sondern suchten die intime Nähe zu Jesus und verteidigten die Nachfolge Christi. Und auch die Täufer gehören in die lange Reihe von nonkonformistischen Bewegungen, die inspiriert und geformt wurden durch das Lesen des Evangeliums, der Wiederentdeckung Jesu und der Entscheidung ihm nachzufolgen.

Aber die Großkirchen – katholische und protestantische – fuhren damit fort, Jesus an den Rand zu drängen. Man verehrte ihn eher, als ihn zum Vorbild für das Leben zu nehmen. Die protestantischen Reformatoren ehrten Jesus als den einen, durch dessen Erlösungswerk sündige Menschen gerechtfertigt werden konnten. Seinem Leben und seiner Lehre aber schenkten sie im Allgemeinen nur wenig Beachtung. Begeistert lasen sie die Briefe des Paulus, ohne sich an den Evangelien besonders interessiert zu zeigen. Martin Luther schrieb: „Weil nun viel mehr am Wort gelegen ist denn an den Werken und Taten Christi und wo man deren eines entbehren müsste, besser wäre, dass wir der Werke und der Historie mangelten denn des Wortes und der Lehre.“[4] Die Reformatoren stimmten mit den Täufern darin überein, dass Jesus „die Quelle unseres Lebens“ sei. Doch offenbar stand eher der Tod Jesu als Jesus selber im Zentrum ihres Glaubens. Aus ihren Schriften wird deutlich, dass er nicht „der zentrale Bezugspunkt für unseren Glauben und unseren Lebensstil, für unser Verständnis von der Kirche und unser Engagement in der Gesellschaft“ war.

Die Täufer des 16. Jahrhunderts griffen einen leidenschaftlich Jesus-zentrierten Zugang auf. Und der betraf jeden Aspekt der Nachfolge. Sie forderten die christlich-konstantinische Tradition heraus, die in einer von Christen beherrschten Welt nur schwer mit einem radikalen Jesus zurechtkam. Sie kritisierten die beliebten Ausdrucksformen mittelalterlicher Frömmigkeit, die die Hingabe an Jesus spiritualisierten und privatisierten. Und sie provozierten die Reformatoren, die sich lautstark über die zentrale Bedeutung Jesu für die Erlösung äußerten, aber ziemlich wortkarg erschienen, wenn es darum ging, Leben und

---

[4] Zitiert in: Gerhard Ebeling, Luther (Tübingen: Mohr Siebeck, 2006), 144f.

Lehre Jesu als normativ für den Lebensstil, die Kirche und die Mission zuzulassen. Jesus-zentriert-Sein war für die Täufer eine Entscheidung von uneingeschränkter Loyalität. Die Reformatoren schienen aber nicht bereit zu sein, den Zorn der politischen Instanzen zu riskieren, indem sie seine Lehre auf soziale und ökonomische Fragen anwandten.

Dies bildet den Hintergrund unserer ersten Grundüberzeugung. Wir sind überzeugt, dass die christlich-konstantinische Ära eine Form der Christenheit hinterlassen hat, die Jesus marginalisiert, spiritualisiert, domestiziert und geschwächt hat. Die Lehre Jesus wurde verwässert, privatisiert und umgedeutet. Jesus wird als unnahbare königliche Figur oder als verklärter persönlicher Erlöser angebetet. In vielen Kirchen (besonders in denjenigen, die aus der Reformation hervorgingen), wird den Schriften des Paulus Vorrang gegeben, gegenüber den Evangelienberichten über das Leben Jesu. Und in vielen christlichen Traditionen übertrumpften moralische Richtlinien, die aus dem Alten Testament oder der heidnischen Philosophie abgeleitet wurden, den Ruf Jesu in die Nachfolge.

Vom Rand zurück ins Zentrum?

Die vom Christentum dominierte Ära neigt sich dem Ende zu und heute finden sich die Kirchen erneut an den Rändern wieder. Sie werden von der Gesellschaft nicht mehr länger gefeiert und geliebt. Doch es gibt Anzeichen, dass Jesus so etwas wie ein Comeback erlebt. Hier eine Probe aufs Exempel:

Seit mehr als hundert Jahren sind Bibelwissenschaftler auf der „Suche nach dem historischen Jesus" (in Wirklichkeit sind es mehrere Suchbewegungen). Sie versuchen, den angesetzten Rost der Tradition zu entfernen und Jesus ganz neu zu entdecken. Die Forschungsergebnisse sind zwar oft widersprüchlich, aber zumindest hat die Diskussion um das Leben Jesu wieder eingesetzt

Eine ähnliche Kritik dürften die beliebten, aber oft verspotteten WWJD („What would Jesus do?" [dt.: Was würde Jesus tun?])-Armbänder erfahren, die viele begeisterte Christen tragen. Wer meint, ethische Entscheidungen mit der Frage „Was würde Jesus tun?" abhandeln zu können, macht sich etwas vor. Er wird mit der Frage konfrontiert, wie denn Jesus im Blick auf heutige ethische Fragen zu interpretieren ist. Aber zumindest wird hier Jesus als „der zentrale Bezugspunkt für unseren Glauben und unseren Lebensstil" anerkannt.

Eine ganze Reihe von Theologen lehnt die Zähmung der Lehre Jesu ab. Sie haben aufgezeigt, wie sie auf politische, soziale und ökonomische Fragestellungen anwendbar ist, und dass sie viel radikaler ist, als die Ausleger der christlich-konstantinischen Zeit es zuließen. Starken Einfluss übte das Buch von John Howard Yoder, *Die Politik Jesu*[5], aus. Es veranlasste Christen aus vielen Traditionen, die Evangelien auf eine neue Art und Weise zu lesen. *The Upside-Down Kingdom [Dt. etwa: Das Königreich auf den Kopf gestellt, d. Ü.]* von Donald Kraybill, zerlegte behutsam aber gründlich die jahrhundertelange Fehlinterpretation der Bergpredigt. Marcus Borg, Brian McLaren, Walter Wink, Shane Claiborne, Tom Wright, Steve Chalke, Michael Frost und Alan Hirsch sind nur einige derjenigen (manche sind stärker vom Täufertum beeinflusst als andere), die unsere Aufmerksamkeit wieder auf das Leben Jesu gerichtet haben. Sie ermutigen uns dazu, das, was uns beigebracht wurde, aus einem neuen Blickwinkel zu betrachten.[6]

Untersuchungen innerhalb der Emerging Church Bewegung in Europa und Nordamerika haben ein zunehmendes Interesse an den Evangelien und dem Leben und der Lehre Jesu zutage gefördert. Eddie Gibbs und Ryan Bolger untersuchten Emerging-Church Gemeinden und identifizierten dabei neun Kernpraktiken dieser Gemeinden. Die erste ist die „Identifikation mit dem Leben Jesu".[7] Und John Drane kommt zu dem Schluss, dass „Jesus für die Emerging Church Bewegung von zentraler Bedeutung ist, nicht so sehr im Sinne eines Glaubensgegenstandes, sondern eher als ein Beispiel, dem man nachfolgt".

5 John Howard Yoder, *Die Politik Jesu*, Neufeld Verlag 2012

6 John Howard Yoder, *Die Politik Jesu* (Schwarzenfeld: Neufeld Verlag 2012); Donald Kraybill, *The Upside Down Kingdom* (Scottdale: Herald, 1990); Marcus Borg & Tom Wright, *The Meaning of Jesus: Two Visions* (London: SPCK, 1999); Brian McLaren: *The Secret Message of Jesus* (Nashville: Word, 2006); Walter Wink, *Engaging the Powers* (Minneapolis: Fortress, 1992); Shane Claiborne & Chris Haw, *Jesus for President* (Gießen: Brunnen, 2009); Steve Chalke & Alan Mann, *The Lost Message of Jesus* (Grand Rapids: Zondervan, 2003); Michael Frost & Alan Hirsch, *Der wilde Messias* (Schwarzenfeld, Neufeld Verlag 2010).

7 Eddie Gibbs & Ryan Bolger, *Emerging Churches* (Grand Rapids: Baker, 2005), 44.

Es ist der Jesus der Evangelien, so argumentiert er, weniger der Jesus der Glaubensbekenntnisse, der heute viele Christen inspiriert und herausfordert.[8]

In nachchristlichen Gesellschaften sind die meisten Menschen mit theologischen Aussagen nicht vertraut, sind biblische Analphabeten und nehmen gegenüber der Kirche eine abwertende Haltung ein. Aber noch geben viele an, Christen zu sein und Jesus wird respektiert und er fasziniert auch. Allerdings weiß man nur wenig über sein Leben und seine Lehre. Filmemacher finden für ihre Darstellungen des Lebens Jesu immer noch ihr Publikum. Einige von ihnen sind dabei augenscheinlich (trotz oft schlecht durchdachter Proteste mancher christlicher Kreise) authentischer als Darstellungen in Predigten und im Kindergottesdienst.

Es gibt also ein wiedererwachtes Interesse am Leben und der Lehre Jesu unter den Christen. Und in der nachchristlichen Gesellschaft haben viele Menschen immer noch große Achtung vor Jesus (wenn auch nicht gegenüber den Kirchen). Vielleicht gelingt es uns ja allen gemeinsam, den Jesus wiederzuentdecken, der in der christlich-konstantinischen Ära marginalisiert wurde. Eine solche Wiederentdeckung könnte zu einer sprudelnden Quelle für unser Zeugnis werden, wenn wir heute an der Mission Gottes teilhaben. Sie könnte auch unser Leben und unsere Kirchen transformieren.

Was hat die Tradition der Täufer zu dieser Wiederentdeckung beizusteuern? Das hilfreichste Potential liegt wahrscheinlich in der fünfhundertjährigen Praxis und Reflexion von Jesus als „Vorbild“, „Lehrer“ und „zentraler Bezugspunkt für unseren Glauben und unseren Lebensstil“. Dazu enthält die Täufergeschichte sowohl Warnungen wie Ermutigungen. Fälle von Versagen und Kompromissen reihen sich an Beispiele von Treue und Beharrlichkeit. Aber sie haben das christlich-konstantinische System früher als andere zurückgewiesen und Jesu Leben und Lehre zur zentralen Bedeutung für ihr Leben gemacht. Damit konnten sie über einen langen Zeitraum hinweg Erfahrungen darin sammeln, was es bedeutet, wenn man „Jesus ebenso nachfolgt wie anbetet“.

[8] John Drane, *After McDonaldization* (London: Darton, Longman & Todd, 2008), 49, 121.

Jesus nachfolgen

„Jesus nachfolgen", ist ein zentrales täuferisches Motiv. Eine ihrer am häufigsten zitierten Äußerungen im 16. Jahrhundert ist Hans Dencks Aussage: „Niemand vermag Christus wahrlich zu erkennen, es sei denn, dass er ihm nachfolge mit dem Leben."[9] Alle Aussagen über geistliche Erfahrungen oder lehrmäßige Orthodoxie waren auf dem Hintergrund der praktischen Nachfolge zu überprüfen. Täufer wurden beschuldigt, zur „Werkgerechtigkeit" zurückzukehren. Ihren Kritikern hielten sie jedoch das enttäuschend niedrige Niveau der Nachfolge in deren Kirchen entgegen und fragten sie, warum ihre scheinbar so korrekte Lehre nur so wenige Früchte produziere.

Diese Antwort irritierte die Kritiker, aber sie waren sich nicht sicher, wie sie dagegen angehen sollten. Die Täufer waren möglicherweise Häretiker, aber ihr Lebensstil war zweifellos ausgezeichnet und anziehend. Franz Agricola, einer ihrer römisch-katholischen Gegner im 16. Jahrhundert, brachte seine Verwirrung folgendermaßen zum Ausdruck: „Die Wiedertäufer, soviel den äußerlichen und öffentlichen Wandel betrifft, sind eines gar ehrbaren Lebens, an welchem kein Lügen, Trügen, Schwören, Hadern, Zanken, kein Fressen, Saufen, keine Hoffart, sondern Demut, Geduld, Treue, Sanftmütigkeit, Wahrheit, Leibeskasteiung, Mäßigkeit und allerlei Aufrichtigkeit gespürt und vernommen wird, also dass man meinen sollt, die hätten den Heiligen Geist Gottes."[10] Es gibt auch Berichte über Menschen, die nicht der Täuferbewegung angehörten und die unter dem Verdacht verhaftet wurden, sie seien Täufer, weil sie ein so gutes Leben führten. Sie entkamen der Verfolgung nur, weil sie freiwillig fluchten und ihre Ankläger so davon überzeugten, dass sie nicht wirklich so heilig waren, wie zu sein schienen!

Und tatsächlich, die Erklärung Agricolas „die hätten den Heiligen Geist", war dann auch die Aussage, mit der die Täufer ihre Art und Weise zu leben begründeten. Agricola qualifizierte dies ab, weil Häretiker einfach nicht den Heiligen Geist haben konnten. Aber die Täufer

[9] Zitiert nach Mennonitisches Gesangbuch (München: Strube, 2004), S. 1209.

[10] Franz Agricola: *Erster evangelischer Prozess wider allerlei grausame Irrtümer der Wiedertäufer.* 1586; zitiert nach Karl Rembert: *Die Wiedertäufer im Herzogtum Jülich.* Berlin 1899, S. 564.

betonten das Werk des Heiligen Geistes weitaus mehr als ihre Zeitgenossen, da sie durch ihn ihre „Wiedergeburt“ und die verändernde Kraft der Gnade Gottes erlebten. Treu in der Nachfolge zu leben war für sie nicht das Ergebnis eigener Bemühungen, um ihre Erlösung zu verdienen. Treue Nachfolge gab auch keinen Anlass, stolz auf sich zu sein. Vielmehr war für sie treue Nachfolge der Erweis, dass Gott tatsächlich an ihnen arbeitete. Der zweite Teil der Aussage von Hans Denck ist weit weniger bekannt, aber er verweist auf einen anderen Aspekt dieser Grundüberzeugung: Jesus ist die Quelle unseres Lebens und ihm folgen wir nach. Denck bestand darauf, dass: „niemand ihm nachfolgen kann ohne ihn zuvor zu erkennen.“ Christus nachzufolgen ist untrennbar damit verbunden, Christus kennengelernt zu haben.

Diese Überlieferung ist für uns heute nach wie vor Inspiration und Herausforderung. Man kann Jesus treu nachfolgen. Sein Vorbild kann uns anleiten. Seine Lehre kann praktiziert werden. Anbetung und Nachfolge können kombiniert werden. Jesus kann der zentrale Bezugspunkt für das gesamte Leben sein. Und diese Überzeugungen müssen nicht zu Gesetzlichkeit und Moralismus verkommen, wenn wir ihn als die Quelle unseres Lebens (an)erkennen, als unseren Freund und unseren Herrn.

Ali Phelps, ein Mitglied des Anabaptist Network Leitungskreises und einer der Leiter einer Baptistengemeinde in der Innenstadt von Leeds, las einen Auszug aus diesem Kapitel und schrieb mir daraufhin:

Jesus nachfolgen hat mich an unsere Antwort auf die aggressive Herausforderung durch eine lesbische Frau erinnert, die unserer (überwiegend konservativen) Gemeinde begegnete. Ich verabredete mit ihr, gemeinsam das Lukasevangelium zu lesen – was meinerseits größtenteils aus Feigheit geschah. Ich hoffte, mich hinter der Person Jesu verstecken zu können, statt mit ihr über Gemeindetheorie und -praxis zu reden. Lange bevor wir mit dem Lesen zu Ende kamen, war sie schon zu einer leidenschaftlichen Nachfolgerin geworden. Kurze Zeit später verblüffte sie mich mit ihrer Ansage, dass sie den Konsum von Cannabis aufgegeben habe. Als ich sie fragte, wer ihr Verhalten in Zweifel gezogen hatte, antwortete sie mir, es sei eine unvermittelte und naheliegende Reaktion auf die Schrift gewesen. Hätte irgendjemand aus der Gemeinde sie dazu herausgefordert, hätte sie ganz übel darauf reagiert und ihren Konsum verdoppelt!

Dieser Aspekt von Jesus als der Quelle, als Freund und Herr des Lebens, dürfte auch eine missionale Bedeutung haben – erade in einem Kontext, in dem die Geschichte Jesu relativ unbekannt ist, in dem aber dem Menschen Jesus immer noch Achtung entgegengebracht wird. In der nachchristlichen Zeit wird Evangelisation mit dem Erzählen von Geschichten beginnen müssen, wenn wir Menschen dort abholen wollen, wo sie stehen. Die Geschichte – und Geschichten – des Jesus von Nazareth zu erzählen, könnte eine größere Kraft entfalten, als wir vielleicht ahnen. Ein anglikanischer Priester berichtete mir kürzlich, dass er das Gleichnis vom verlorenen Sohn in der Seelsorge mit einer Person benutzt habe, die keinerlei Beziehung zur Kirche hatte. Sie habe es nicht nur als hilfreich und bewegend empfunden, sondern fragte „Wer hat diese Geschichte erzählt?". Und nachdem sie erfahren hatte, dass es Jesus war, erkundigte sie sich: „Hat er noch andere Geschichten erzählt?" Wir könnten entdecken, dass Evangelisation wesentlich einfacher ist, als wir denken – die Geschichte von Jesus erzählen und ihn für sich selber sprechen lassen.

Das Grundmotiv „Jesus nachfolgen" kann uns auch dabei helfen, einen Weg durch die derzeit von vielen Kirchen erlebte Verwirrung rund um die Begriffe „Zugehörigkeit", „Glauben" und „Lebensführung" (believing, belonging, behaving) zu finden. „Zugehörigkeit vor Glauben", dürfte genau beschreiben, wie sich viele Menschen heute in unseren Kirchen engagieren. Und es könnte auch der Zugang zur Mission sein, für den wir uns in einer nachchristlichen Kultur einsetzen. Aber hinter diesem eingängigen Slogan „believing, belonging, behaving" stecken Schwierigkeiten und Herausforderungen:

- Wie entwickelt sich eine Zugehörigkeit zum Glauben und wie oft geschieht das?
- Wie viele Menschen können dazu gehören, ehe sie glauben, ohne dass die Gemeinde ihren Zusammenhalt verliert?
- In welcher Beziehung steht die Lebensführung zur Zugehörigkeit und zum Glauben?

- Was bedeutet Zugehörigkeit ohne Glauben und entsprechende Lebensführung eigentlich?
- Warum stehen Glauben und Lebensführung oft in keiner Verbindung?

Die Sprache der „Nachfolge" bietet hier ein integrierendes Bezugssystem für Gemeinden, die offen und inklusiv sein wollen, die aber gleichzeitig auch eine Bewegung hin zum Glauben und zur Lebensführung erkennen wollen.

In den Evangelien folgten Menschenmassen Jesus nach und für ihn waren alle, die kamen, willkommen, unabhängig von ihrem Lebensstil. Er lehrte und heilte bei den meisten Gelegenheiten ohne Unterschied. Er aß ebenso mit Menschen, die einen schlechten Ruf hatten, wie mit denen, die seiner Lehre feindlich gegenüber standen. Aber Jesus forderte auch diejenigen, die ihre Zeit mit ihm verbrachten, auf, ihr Verhalten zu ändern und neu über ihren Glauben nachzudenken. Mitten unter den vielen waren seine Jünger. Sie hatten entschlossen auf seinen Ruf, ihm „nachzufolgen" reagiert, auch wenn sie weiterhin mit den Konsequenzen dieses Rufes rangen. Und gelegentlich reagierten andere Menschen auf Jesus und es kamen andere hinzu, indem sie ihr Leben auf neue Art und Weise gestalteten (z. B. Zachäus, vgl. Lk 19,1–10) oder an ihn glaubten (z. B. der Zenturio, dessen Diener Jesus geheilt hatte, vgl. Lk 7,1–10). Manchmal scheint die Lehre Jesu vor allem für seine Jünger gedacht zu sein, während alle anderen ebenfalls zuhören. Manchmal lehrt Jesus eine große Volksmenge, aber seine Jünger sind dabei und lernen ebenfalls daraus.

Vielleicht sollten wir damit aufhören, uns selber als „Christen" zu bezeichnen. Dieser Begriff ist nicht nur durch die mit ihm verknüpften Assoziationen beschädigt, und durch eine inflationäre Benutzung entwertet. Er ist zudem ziemlich anmaßend. Wer sind wir, dass wir behaupten können, wir sind wie Christus? Wenn andere über uns in dieser Weise sprechen, weil sie uns als christusähnlich ansehen, gut und schön – das scheint auch die Art und Weise zu sein, in der dieser Begriff zum ersten Mal benutzt wurde (vgl. Apg 11,26). Aber vielleicht benötigen wir heute einen Begriff, der sowohl zielgerichtet wie auch maßvoll ist. Vielleicht sollten wir einfach nicht mehr (oder weniger) sagen, als dass wir „Nachfolgende Jesu“ sind.

Als Nachfolger behaupten wir nicht, dass wir unser Ziel, unsere Bestimmung schon erreicht hätten. Und wir müssen uns auch nicht mehr von anderen unterscheiden, die auf unterschiedlichen Etappen dieser Reise unterwegs sind. Zugehörigkeit, Glauben, Lebensführung können allesamt als Aspekte der Nachfolge interpretiert werden. Gemeinden, die sich dazu entschlossen haben, Jesus nachzufolgen, sind vorbehalt- und bedingungslos offen für andere Mitreisende. Aber ihre Gesinnung entspricht einer Haltung der Nachfolge, des Lernens, der Veränderung, des Wachsens, der Vorwärtsbewegung. Gemeinsam werden wir, wenn wir über die Evangelien und auch die übrige Schrift nachdenken, mehr davon entdecken, was es bedeutet, Jesus nachzufolgen.

Solche Gemeinden dürften gute Nachricht sein. Und zwar für diejenigen, die Zeit brauchen, um mit den Konsequenzen der Geschichte Jesu, der sie zum ersten Mal begegnen, klarzukommen. Aber auch für diejenigen, die sich mehr für Fragen des Lebensstils als für theologische Anschauungen interessieren. Und genauso für die, die den Begriff „Reise“ metaphorisch benutzen, um ihre Suche nach einem geistlichen Sinn zu beschreiben. Eine gute Nachricht wären solche Gemeinden auch für die unter uns, die wissen, dass wir immer noch ein ganzes Stück Weg zu gehen haben in der Nachfolge Jesu. Und die dankbar sind für die Unterstützung und die Ermutigung durch andere, die sich auf demselben Weg befinden.

Sollten Nachfolger Jesu also fragen „Was würde Jesus tun“? Es gibt schlechtere Fragen, die man stellen kann, wenn man es mit schwierigen ethischen Themen zu tun hat. Aber wir werden damit zurückhaltend sein. Nicht nur, dass wir zu überzeugt davon sein könnten, wir wüssten die richtige Antwort. Auch deshalb, weil der Jesus, auf den wir uns dabei beziehen, der gezähmte, vereinnahmte oder kraftlose Jesus der christlich-konstantinischen Zeit sein könnte. Andere Fragen dürften da hilfreicher sein: Was *hat* Jesus getan? Was hat Jesus *gesagt*? *Wie* war Jesus? Wenn wir uns mit diesen Fragen beschäftigen, führt uns das zurück zu den Evangelien. Und es ermutigt uns, genauer auf Jesus zu hören und von seinem Vorbild zu lernen. Genau darauf beharrten die ersten Täufer, zum Unbehagen ihrer Kritiker. Denn die verließen sich lieber auf allgemeine Grundsätze (Liebe, Gerechtigkeit, Ordnung etc.), statt auf die ins Detail gehenden Dinge im Leben und in der Lehre Jesu. Aber wenn Jesus wirklich unser „zentraler Bezugspunkt" sein soll, müssen wir bei dem beginnen, was er wirklich gesagt und getan hat.

Die zweite Grundüberzeugung:

Jesus ist der Dreh- und Angelpunkt der Offenbarung Gottes. Wir sind einem Jesus-zentrierten Zugang zur Bibel verpflichtet. Zugleich ist die Gemeinschaft der Glaubenden unser primärer Kontext, in dem wir die Bibel lesen und über die Konsequenzen für unsere Nachfolge entscheiden.

Die Täuferbewegung entstand zu einer Zeit, in der die Bibel für die Menschen neu zugänglich wurde. Übersetzungen in die deutsche und andere europäische Sprachen fielen mit der Ausbreitung des Buchdruckverfahrens zusammen. Jahrhundertelang konnten nur der Klerus und die Mönche auf die Bibel zugreifen und hatten die Möglichkeit, sie in Latein oder ihren ursprünglichen Sprachen zu lesen. Jetzt wurden Bibeln in Sprachen, die jeder verstehen konnte, in ganz Europa verbreitet. Die Lese- und Schreibfähigkeit war wenig verbreitet und Bibeln waren extrem teuer. Erschwinglich waren sie nur für reiche Einzelpersonen oder Gemeinschaften, die ihre Mittel zusammenlegten. Aber überall dort, wo man sich Bibeln beschaffen konnte und jemand in der Lage war, den Text zu lesen, sammelten sich kleine Gruppen, um zuzuhören und gemeinsam darüber nachzudenken, was sie da gehört hatten. Die Täufer waren beileibe nicht die einzigen im 16. Jahrhundert, die die Bibel studierten und sich darüber austauschten.

Unerhörterweise schienen die Reformatoren die Menschen auch noch dazu zu ermutigen, die Bibel *für sich selber* auszulegen, statt sich auf traditionelle Verstehensweisen und die Erklärungen der Päpste und kirchlicher Konzilien zu verlassen. „Allein die Schrift!" behaupteten sie, und waren zuversichtlich, dass jeder, der auf die Texte der

Schrift zugreifen konnte, ihre Überzeugungen und Deutungen teilen würde. Aber zu ihrer großen Überraschung und ihrem Unbehagen, taten das nicht alle. In der Tat stellen viele die Interpretationen der Reformatoren genauso infrage wie die katholische Kirchenhierarchie. Und manche fingen an, die Bibel in einer sehr beunruhigenden Art und Weise auf soziale, politische und ökonomische Realitäten anzuwenden. Ihrer Meinung nach schien vieles in der Kirche und in der Gesellschaft biblisch kaum begründbar. Und manchem schien die biblische Lehre auch direkt zu widersprechen. Wie schon in den früheren Generationen schien das Lesen der Bibel – und vor allem der Evangelien – ohne die Begleitung durch autorisierte Ausleger die Menschen zu reizen, überlieferte Behauptungen und gängige Praktiken infrage zu stellen.

Als sie die Gefahr erkannten, versuchten die Reformatoren, die Flasche wieder zu verkorken. Sie bestanden darauf, dass die Menschen weiterhin bei den Auslegungen ihrer Prediger und Pastoren bleiben sollten. Aber es war zu spät. Viele weigerten sich, das alte System eines Priester-Monopols auf das was die Bibel „wirklich bedeutet", gegen ein neues System des Prediger-Monopols einzutauschen. Dazu gehörten auch die ersten Täufer, die von dem Jesus der Evangelien in Bann gezogen wurden. Immer gewisser wurden sie darin, dass die Bibel bereits seit langer Zeit in vieler Hinsicht fehlinterpretiert worden war.

Die folgenden Grundsätze charakterisieren, wie die Täufer die Bibel lasen und auslegten:

- Sie waren zuversichtlich, dass Christen auch ohne theologische Ausbildung oder offizielle Zulassung die Bibel auf verantwortungsvolle Art und Weise auslegen konnten, indem sie aufmerksam auf den Heiligen Geist hörten.
- Sie waren überzeugt, dass die Gemeinde der Ort sei, an dem die Bibel ausgelegt werden sollte, und nicht das theologische Seminar oder das Studierzimmer des Predigers. Das Verstehen der Bibel ist eine gemeinschaftliche Praxis.
- Ihr Schwerpunkt lag dabei auf der praktischen Anwendung. Es ging darum zu entdecken, welche Bedeutung die Bibel für

die Nachfolge besaß, statt einfach nur nach der ursprünglichen Bedeutung zu suchen.

- Sie beharrten darauf, dass die Bibel angesichts des Lebens, Lehrens, Todes und der Auferstehung Jesu Christi ausgelegt werden müsse. Jesus war das Zentrum der Bibel; derjenige, auf den beide Testamente hinwiesen.

Dieser Ansatz erschien ihren Kritikern als arrogant, unverantwortlich und chaotisch. Aber die Täufer empfanden ihn als befreiend und bestärkend. Und als sie die Bibel auf diese Art und Weise gemeinsam lasen, entdeckten sie alternative Möglichkeiten für eine ganze Reihe von theologischen, kirchlichen und ethischen Fragen.

Gerade im Bereich der Ethik schien es, als sei die Lehre Jesu zugunsten alttestamentlicher Praktiken marginalisiert worden. Krieg zu führen, Kriminelle hinzurichten, Eide zu schwören, Königen einen von Gott garantierten Status zuzuschreiben, den Zehnten einzuziehen, das ließ sich alles durch das Alte Testament rechtfertigen. Aber entsprachen diese Praktiken wirklich dem, was Jesus gesagt und getan hat? Für die Täufer schienen die Reformatoren eine ziemlich eindimensionale Bibel zu besitzen, aus der sie einfach irgendwo Grundsätze herauspickten ohne Bezug auf die sich entfaltenden Absichten Gottes. Die Täuferbewegung wies diesen Ansatz zurück und bestand darauf, dass die Bibel im Licht der Lehren und des Vorbildes Jesu ausgelegt werden müsste. Doch diejenigen, die entschlossen waren, das christlich-konstantinische System zu erhalten, konnten das nicht tolerieren.[11]

Rückblickend können wir heute auch die Schwachstellen der Bibelinterpretation der ersten Täufer wahrnehmen. Der Wissenschaft zu misstrauen, beraubt uns hilfreicher Quellen, mit denen wir die Bibel besser verstehen können. Wissenschaft muss nicht notwendigerweise den Text verzerren oder ihm ausweichen, was die ersten Täufer befürchteten. Dem Heiligen Geist zuzutrauen, dass er die Ausleger befähigt, bedeutet nicht, dass der Text verständlich und frei von

---

11 Eine weitaus detailliertere Untersuchung bietet: Stuart Murray, *Biblical Interpretation in the Anabaptist Tradition* (Waterloo: Pandora, 2000).

Schwierigkeiten wird. Das Alte Testament muss nicht an den Rand gedrängt werden, wenn es darum geht, missbräuchlichen begründeten Praktiken zu widersprechen, die nur schwer in Einklang zu bringen sind mit dem Leben und den Lehren Jesu. Und die Aufgabe der Bibelauslegung in der örtlichen Gemeinde zu verlegen, birgt nicht nur das Risiko, die Weisheit vorangegangener Generationen zu ignorieren. Es kann auch zu gemeindlichen Gegensätzen und Spannungen führen.

Dennoch sind viele in unserem Netzwerk nach wie vor dankbar für den Mut und die Vorstellungskraft der ersten Täufer, als sie einen neuen Zugang zur Auslegung der Bibel beschritten.[12] Eingestandenermaßen war es ein naiver und unzulässiger Ansatz. Doch wir finden es interessant, dass viele ihrer Schlussfolgerungen heute weitgehend von Christen in vielen anderen Traditionen akzeptiert werden.

Unsere zweite Grundüberzeugung befasst sich schwerpunktmäßig mit drei grundlegenden Aspekten der Art und Weise, in der sie sich mit der Schrift befassten.

Folgen für die Nachfolge

Die Betonung der christlichen Nachfolge ist einer der Anziehungspunkte und Herausforderungen täuferischer Tradition. Alle hier untersuchten zentralen Überzeugungen beinhalten einen Ruf zu einer ernsthaften Nachfolge in ganz unterschiedlichen Bereichen des Lebens. Diese Überzeugungen basieren auf einem Gebrauch der Bibel, der es ablehnt, die Auslegung von der Anwendung zu trennen.

Auch wenn wir das Misstrauen der ersten Täufer gegenüber den Bibelwissenschaftlern nicht teilen mögen, können wir ihre Sorgen doch zu einem gewissen Grad nachvollziehen. Ihr Vorwurf bestand damals darin, sich mehr auf die menschliche Vernunft als auf geistliche Einsichten zu verlassen, der klaren Bedeutung des Textes auszuweichen, weil sie die Kosten des Gehorsams ihm gegenüber scheuten, Zeit damit zu verschwenden, Fragen zu behandeln, die nur für andere Gelehrte von Interesse waren, und es bestimmten Interessen zu erlau-

[12] Siehe auch: Lloyd Pietersen, *Reading the Bible after Christendom* (Milton Keynes: Paternoster, 2011).

ben, ihre Schlussfolgerungen zu bestimmen Heute nehmen viele eine Kluft zwischen wissenschaftlicher Theologie und Gemeinde wahr. Bibelwissenschaftler sind gewöhnlich weder dazu verpflichtet, noch in einer Position, die Wirkungen ihrer Schriftauslegung zu überprüfen. Das Bibelstudium in der örtlichen Gemeinde ist oft durch eine wenig erbauliche Ansammlung von Unkenntnis gekennzeichnet. Es bewegt sich auch kaum über die Suche nach dem Sinn des Textes hinaus, um dann Folgen für die Nachfolge zu ziehen Und es entwickelt schon gar keine Prozesse, um in gegenseitiger Verantwortung das in die Praxis umzusetzen, was man erkannt hat.

Die zweite Grundüberzeugung verpflichtet uns dazu, Auslegung und Anwendung miteinander zu verbinden. Ein Bibelstudium, das nicht zu einer treueren und kreativeren Nachfolge führt, ist unzureichend. In diesem Sinn gibt es einige Übereinstimmungen mit dem biblischen Zugang lateinamerikanischer Befreiungstheologen[13]. Ihrer Meinung nach besteht das Ziel der Auslegung nicht darin, die Bibel zu verstehen, sondern in der Bibel zu entdecken, wie man ein treues und verantwortliches Leben führt. Sie plädieren für einen Prozess der Aktion-und-Reflexion, in dem die Anwendung wieder zu einer vertieften Reflexion über den Text führt, und der Text dann erneut zur Aktion anregt. Die ersten Täufer waren überzeugt, dass niemand Fortschritte im Verständnis der Bibel macht, wenn man nicht das praktiziert, was man bereits verstanden hat. Und ob man den Text auch richtig verstanden hat, kann man nur in dem Versuch erkennen, das konsequent in die Praxis umzusetzen, was die Schrift nach eigener Überzeugung lehrt.

Heute sind wir uns bewusst, welchen Einfluss der persönliche Hintergrund und die eigenen Voraussetzungen auf die Auslegung der Bibel haben. Auch die ersten Täufer, die am Rand der Gesellschaft lebten und verfolgt wurden, wussten davon. Sie sahen in ihren Lebensumständen einen großen Vorteil, wenn es darum ging, das Neue Testament zu verstehen, da dieses an Menschen gerichtet war, die unter ähnlichen Umständen lebten. Ganz egal, wer wir sind, wir

[13] Eine mehrheitlich katholische Bewegung, die in den 1960er-Jahren entstand und durch ihre Schriften und die Praxis der „kirchlichen Basisgemeinden“ in Brasilien und an anderen Orten, weltweit Eindruck hinterließ.

bringen unsere Interessen und Ansichten mit in die Bibelauslegung. Wir können diesen Einflüssen nicht entfliehen. Diese Auswirkungen lassen sich abmildern, indem wir zum Beispiel die Bibel zusammen mit Christen aus anderen Kulturen lesen, die ganz andere Voraussetzungen und Fragen mitbringen. Aber wir werden uns davor hüten, uns durch zunehmend vielfältigere und differenziertere wissenschaftliche Bibelauslegungsansätze von der Herausforderung einer treuen und verantwortlichen Nachfolge ablenken zu lassen.

Die Gemeinschaft der Glaubenden

Wir werden uns ebenfalls Ansätzen einer Bibelauslegung verweigern, die die christliche Gemeinde entmachten. Die ersten Täufer ermutigten zur Freiheit und Verantwortung aller Glaubenden, die Bibel zu lesen (oder zu hören) und sie mit der Hilfe des Heiligen Geistes auszulegen. Sie gingen davon aus, dass dieser Prozess vor allem *innerhalb der Gemeinde* stattfindet. In der Tat erwarteten sie, als versammelte Gemeinschaft der Glaubenden in ihrem gemeinsamen Nachdenken über die Schrift vom Geist geleitet zu werden. Der würde sie eines Sinnes darüber werden lassen, was der Text bedeutete und wie sie ihn anwenden sollten. Individualistische Auslegungen, die sich einer Überprüfung durch die Gemeinde verweigerten, waren unzulässig und gefährlich.

Nicht nur die Betonung der Nachfolge war bei den Täufern stärker ausgeprägt als bei ihren Zeitgenossen. Es war auch ihr Bekenntnis zur Gemeinschaft und ihre Erwartung, dass alle Gemeindeglieder aktiv seien und ihre Stimme einbringen würden, statt passive Zuschauer zu sein. Dies war einer ihrer Kritikpunkte an den katholischen und protestantischen Staatskirchen, und viele begründeten damit auch ihre Distanzierung von diesen Kirchen. Sie konnten nicht nachvollziehen, warum sich jeder auf den Prediger verließ und sich nicht an der Aufgabe der biblischen Auslegung beteiligte. Hatte Paulus in 1Kor 14 nicht ganz klar zum Ausdruck gebracht, dass viele Gaben benötigt werden, viele Stimmen zu hören sind und dass alle Beiträge geprüft und nicht einfach fraglos akzeptiert werden sollten?

Die Rolle der Gemeinschaft der Glaubenden in der Auslegung wurde und wird immer noch unterbewertet durch übergebührlichen Verlass auf Fachleute, individuelle Auslegungen ohne Rechenschaft zu üben, und eine ungerechtfertigte Verehrung derer, die predigen und lehren. Wissenschaftler, Prediger und inspirierte Einzelpersonen, können uns allen dabei helfen, die Bibel auszulegen und anzuwenden, aber die Gemeinschaft des Glaubens ist der primäre Kontext, in dem das geprüft werden kann, was jeder und jede einbringt. Sie bildet auch für uns den primären Kontext, um Einsichten in biblische Lehre zu gewinnen und Erfahrungen zu reflektieren, wie wir unsere Erkenntnisse zu praktizieren versuchen.

Manche ermutigen heute ihre Gemeinde, diese Herausforderung anzunehmen, Dabei sind sie sich darüber im Klaren, dass dies einer gewissen Umschulung der Prediger und der Gemeinden bedarf. Und es braucht sehr viel Ausdauer, wenn sich bislang „einstimmige Gemeinden" zu „vielstimmigen Gemeinden" entwickeln sollen. Alan und Eleanor Kreider, Gründungsmitglieder des britischen Anabaptist Network, sind bekannt für ihren ausgeprägten „miteinander sprechen"-Stil als einer Alternative zum einstimmigen Predigen. Viele Jahre lang habe ich interaktives Predigen praktiziert und die Gemeinden dazu eingeladen, sich an dem zu beteiligen, was ich sage, statt einfach nur meiner Predigt zuzuhören.

Während eines Besuches in Pennsylvania im Jahr 2009 stieß ich auf eine Gruppe von Mennoniten, die etwas praktizierten, das sie „Verweilen im Wort" nannten. Es ähnelt der monastischen Praxis der *lectio divina* (die heute wieder zunehmend beliebter wird). Dabei werden die Teilnehmer eingeladen, ihre eigenen Antworten auf die Schrift miteinander zu teilen. Das „Verweilen im Wort", bietet der Gemeinde die Möglichkeit, gemeinsam über einen Abschnitt nachzudenken, der demnächst Grundlage für eine Predigt sein wird. Es lädt die Teilnehmenden dazu ein, in kleinen Gruppen sorgsam aufeinander zu hören und dann in größerer Runde wiederzugeben, wie jemand anderes auf diesen Abschnitt reagiert hat. Diese Übung scheint mir einer Täufergemeinde eher entgegenzukommen, als die eher individualistische Praxis der *lectio divina.*

Die Reaktionen auf diese interaktiven und beteiligenden Zugänge zur Auslegung der Bibel, fielen gemischt aus. Viele Prediger wissen um die Begrenzungen des „einstimmigen" Predigens und sind begeistert von einem vielstimmigen Zugang. Zugleich haben sie Bedenken, ob sie diesen auch einsetzen können und sind unsicher, wie die Gemeinde darauf reagieren wird. Erste Erfahrungen können entmutigend sein, wenn sie diese neue Fähigkeit einüben und die Gemeindeglieder über diese Neuerungen murren. Manche geben dann lieber auf, als sich weiter dafür einzusetzen. Die Versuchung ist natürlich ziemlich groß, zu dem vertrauten und weniger anstrengenden einstimmigen Zugang zurückzukehren. Aber der Grad der Unzufriedenheit mit einem Gemeindeleben, das vom Prediger dominiert und von einer individualistischen Nachfolge geprägt ist, dürfte zumindest für manche Gemeinden inzwischen so hoch sein, dass sie widerstehen.

Jesus-zentrierte Auslegung

Heute werden manche angezogen von der täuferischen Betonung der Nachfolge oder Gemeinschaft. Für viele ist es aber auch die zentrale Stellung, die das Leben und die Lehre Jesu hier einnehmen. Auf den Christozentrismus der täuferischen Bewegung sind wir bereits zu sprechen gekommen. Dieser führte wiederum auch zu einer entschieden christozentrischen Bibelauslegung. „Entschieden" ist hier durchaus der richtige Begriff. Die ersten Täufer waren empört darüber, wie biblische Auslegungsmuster Jesus marginalisierten, indem sie anderen Teilen der Schrift den Vorzug gegenüber dem zu geben schienen, was Jesus gesagt und getan hatte. Sie sahen darin eine Missachtung Jesu und waren entschlossen, dies zu ändern.

Für die Täufer, wie auch für den anonymen Autor des Hebräerbriefes und die meisten anderen Christen, ist Jesus „der Dreh- und Angelpunkt der Offenbarung Gottes". „Viele Male und auf verschiedenste Weise sprach Gott in der Vergangenheit durch die Propheten zu unseren Vorfahren. Jetzt aber, am Ende der Zeit, hat er durch ‚seinen eigenen' Sohn zu uns gesprochen. Der Sohn ist der von Gott bestimmte Erbe aller Dinge. Durch ihn hat Gott die ganze Welt erschaffen" (Hebr 1,1-2). Die Bibel als eine Aufzeichnung dessen, was Gott über viele

Generationen gesagt und getan hat, muss in täuferischem Verständnis durch das Objektiv der Offenbarung Gottes in Jesus Christus betrachtet werden. Das Alte Testament verweist nach vorne auf ihn; das Neue Testament verweist zurück auf ihn. Diese Auffassung teilen nicht unbedingt und immer Christen anderer Traditionen.

Im Gegensatz zu der Vorliebe Luthers für dogmatische Texte bedeutet das, den Bibelteilen Priorität einzuräumen, in denen das Leben und die Lehren Jesu am deutlichsten zutage treten, also vor allem den Evangelien. Intensiv studierte die Täuferbewegung diese Erzählungen mit ihren provozierenden Begegnungen und ihren hintergründigen aber herausfordernden Lehren, die im Tod und in der Auferstehung des Einen gipfelten, der für das religiöse und politische Establishment zu bedrohlich geworden war. Es waren diese Texte, die die Täufer als das Interpretationszentrum der Schrift behandelten.

Dieser Zugang hat seine Kritiker. Gibt man einem Teil der Schrift den Vorzug, riskiert man es, den Rest herabzustufen. Das Leben Jesu macht nur im Licht der Geschichte, Theologie, Prophetie und Bildersprache des Alten Testaments einen Sinn. Andere Teile des Neuen Testaments wurden nicht nur vor den Evangelien geschrieben, sondern sie tragen auch in erheblichem Maß zu unserem Verständnis über Jesus bei. Und manche, die mit der „Frage nach dem historischen Jesus" beschäftigt sind, verspotten jede Bemerkung, dass wir diesen Berichten als einer zuverlässigen Aufzeichnung dessen, was Jesus wirklich gesagt und getan hat, vertrauen können. Aber auch wir sind heute davon überzeugt, dass diese Berichte über Jesu Leben, Lehren, Tod und Auferstehung von zentraler Bedeutung für unser Verständnis der ganzen Offenbarung Gottes in der Schrift sein müssen, wenn Jesus wirklich „der Dreh- und Angelpunkt der Offenbarung Gottes" ist. Unserer Erfahrung nach mündet ein Jesus-zentrierter Zugang zur Schrift in unterschiedliche Wege der Bibelauslegung, wenn es um Themen wie Gewaltlosigkeit, die Wahrheit sagen, Ökonomie, Macht, Geschlechterbeziehungen, Mission und dem Wesen der Kirche geht.

Nachtrag

Jahrelang habe ich ein *Workshop*-Programm mit dem Titel „Jesus im Zentrum“ unterrichtet. Ich begann mit den gerade zitierten Versen aus dem Hebräerbrief und führte aus, auf welche Art und Weise Jesus in der christlich-konstantinischen Zeit marginalisiert wurde. Dabei stellte ich die Frage, welchen Unterschied es wohl machen würde, wenn wir Jesus wieder ins Zentrum rücken würden, an den Platz, der ihm zusteht. Diese Unterrichtseinheit bewirkte mehr als jede andere, die ich zu irgendeinem Thema jemals gehalten habe. Viele Studenten erzählten mir – manche noch Jahre später, wenn ich sie wieder traf – dass ihnen an dieser Stelle sämtliche Lichter aufgegangen seien. Und bei manchen führte es zu lebensverändernden Entscheidungen. Andere erlebten neuen Schwung in ihrem Glauben und es erneuerte ihre Vision darüber, wohin sie Gott berief.

Wieder andere erwarteten nur sehr wenig von dieser Einheit. Im Grunde genommen wussten sie als Christen bereits, dass Jesus im Zentrum stand – oder zumindest, dass er dort stehen sollte. Aber als sie begannen, den unheilvollen Einfluss des christlich-konstantinschen Christentums auf diesen Aspekt ihres Glaubens zu realisieren, kehrten viele zu den Evangelien zurück, um ganz neu auf Jesus zu hören und zu akzeptieren, was es heißt, Jesus nachzufolgen und anzubeten.

Die Tradition der Täufer mit ihrer beißenden Kritik am dominierenden Christentum und ihrer Entschlossenheit, Jesus-zentriert zu sein, dürfte dabei als Katalysator gewirkt haben. Manche begannen sich dann auch als Täufer zu verstehen. Aber was sie taten, hatten bereits Christen in vielen vorhergehenden Generationen getan – zurückkehren zu den Evangelien und den radikalen Jesus wiederentdecken. Es gibt keine christliche Tradition, die darauf ein Monopol besitzt. Jesus-zentrierte Nachfolge wird immer wieder neu entdeckt. Aber die Täuferbewegung scheint, bei all ihren Schwächen, eine ungewöhnliche Fähigkeit zu besitzen, Christen aus vielen Traditionen dazu herauszufordern, Jesus ganz neu zu begegnen. Und sogar manche Menschen, die noch gar keine Christen sind.

KAPITEL 3

Nach dem Christentum

Die dritte und die vierte Grundüberzeugung verdeutlichen, warum wir uns heute eher über das Ende der christlich-konstantinischen Zeit freuen, als ihr nachzutrauern.

Der christlich-konstantinischen Struktur und Gestalt sind wir bereits im letzten Kapitel begegnet. Und wir haben darüber nachgedacht, wie es das Bibellesen beeinflusst und auf welche Weise sich die Kirche mit dem Leben und der Lehre Jesu beschäftigt hat. Aber es gibt noch mehr über die Struktur und Gestalt des Christentums zu sagen, das Europa über Jahrhunderte hinweg beherrscht hat, und das mittels Mission und Eroberung in die ganze Welt exportiert wurde. Diese Art Christentum war eine bemerkenswerte und brillante Kultur, aber es war zugleich auch totalitär und nicht selten brutal. Es hat zu verschiedenen Zeiten und in verschiedenen Teilen der Welt ganz unterschiedliche Formen angenommen, aber all diese verschiedenen Versionen des Christentums haben eine gemeinsame Ideologie geteilt.

In den Jahrhunderten der christlich dominierten Gesellschaft begannen Täufer und andere nonkonformistische Bewegungen Einwände zu erheben gegen Lehraussagen und Praktiken, die ihrer Überzeugung nach unbiblisch oder unchristlich waren. Das führte sie dazu, ein System infrage zu stellen, das solche Überzeugungen und Verhaltensweisen zuließ oder vorschrieb. Letzten Endes wiesen sie dieses Christentum als grundsätzlich fehlerhaft zurück, lösten sich von ihm und bildeten alternative Gemeinschaften, in denen sie mit alternativen Zugängen zu Nachfolge experimentierten.

Mit ihrer Ablehnung des konstantinisch geprägten Christentums zogen diese Bewegungen den Zorn von Kirche und Staat auf sich. Sie wurden des Hochverrats, der Volksverhetzung wie auch der Häresie angeklagt. Sie wurden verfolgt, weil sie diese hochheilige christliche Gesellschaft unterhöhlten. Manche dieser Bewegungen wurden ausgerottet und es blieben nur wenige Informationen darüber erhalten, was sie taten und lehrten. Das meiste, das wir wissen, stammt von ihren wohl kaum unvoreingenommenen Gegnern. Aber die Täuferbewegung überlebte mehrere Verfolgungen und hat die Weisheit und die Erfahrungen von Generationen von Christen bewahrt, die nach alternativen Wegen des Denkens und Verhaltens suchten.

Heute, wo sich die christlich-konstantinische Struktur und Gestalt auflöst, lernen viele Christen westlicher Gesellschaften von der täuferischen Tradition, wie man Nachfolger Jesu sein kann in einer Welt, die nicht mehr länger christlich geprägt und beherrscht ist. Das Erbe des Christentums ist uneinheitlich. Vielleicht haben die Täufer und andere Nonkonformisten überreagiert und es versäumt, die Leistungen und Schätze des Christentums zu würdigen. Aber diese alternativen Traditionen bieten den Christen der nachchristlichen Zeit viele Ressourcen. Und das ist etwas, was die eng mit der Hauptströmung des Christentums verquickten großen kirchlichen Traditionen so nicht wirklich realisiert haben.

Die dritte Grundüberzeugung:

Die westliche Kultur entwächst allmählich einer vom Christentum dominierten Ära, in der Kirche und Staat gemeinsam die Gesellschaft leiteten und die nahezu jeden Menschen als Christ verstand. Ungeachtet seiner positiven Beiträge im Blick auf Werte und Institutionen, hat dieses Christentum das Evangelium verzerrt. Es marginalisierte Jesus und hinterlässt die Kirchen schlecht ausgerüstet für die Mission in einer nachchristlichen Welt. Bewegungen wie die der Täufer haben diese Art Christentum zurückgewiesen und nach alternativen

Denkansätzen und Verhaltensweisen gesucht. Unsere Reflexion darüber bewegt uns, von deren Erfahrungen und Perspektiven zu lernen.

Was war das Christentum?

„Post-Christentum" ist einer der vielen „post"-Begriffe, mit denen Veränderungen, die sich in der westlichen Kultur ereignen, beschrieben werden: post-modern, post-industriell, post-kolonial, post-imperial, post-säkular etc. Das Präfix „post" bedeutet „nach" und deutet darauf hin, dass wir uns in einer Zeit des Übergangs befinden. Vertraute Merkmale der sozialen Landschaft verschwinden in der Vergangenheit, aber es ist noch nicht ganz klar, was aus dem Nebel der Zukunft auf uns zukommt. Diese „post"-Sprache ist zurückhaltend, aber aufrichtig. Sie sagt uns, dass wir uns nicht mehr da befinden, wo wir einmal waren, aber sie gibt nicht vor, genau zu wissen, wo es hingeht. Wenn wir wüssten, was auf uns zukommt, könnten wir diese „post"-Begriffe aufgeben und die anbrechende Wirklichkeit bei ihrem Namen nennen. Aber noch sind wir nicht dort. Deshalb benutzen wir „post"-Begriffe, um Veränderung und Unsicherheit zu signalisieren.

„Post"-Begriffe laden uns dazu ein, zurückzuschauen auf das, was war, um uns auf das vorzubereiten, was kommt. Wenn wir verstehen wollen, was auch immer aus dem Post-Christentum werden wird, müssen wir zuerst verstehen, was das Christentum war. Was waren seine prägenden Werte? Worin lagen seine Stärken und Schwächen? Worin bestehen seine Hinterlassenschaft und sein fortdauernder Einfluss, im Guten wie im Schlechten?

Unsere dritte Grundüberzeugung besagt, dass die Periode des Übergangs vom Christentum zum Post-Christentum nicht schnell verlaufen wird. Das Christentum hatte über Jahrhunderte Bestand und dabei alle Bereiche der westlichen Gesellschaften durchdrungen. Die Spuren dieser Art Zivilisation werden weiter zu finden sein, lange nachdem dessen Struktur und Gestalt zerfallen sind. Wir werden noch viele Jahre in dieser Überschneidung von Christentum und Post-Christentum leben. Was werden wir aus der Vergangenheit zu bewahren versuchen? Und was werden wir bereitwillig der Geschichte überlassen? Was müsste sich ändern? Und was sollte zugleich erhalten bleiben? Alle christlichen Traditionen setzen sich mit diesen Fragen auseinander. Die täuferische Tradition behauptet nicht, auf alles eine Antwort zu haben, aber sie eröffnet profilierte Perspektiven, die geerdet sind in einer fast fünfhundertjährigen Suche nach Alternativen zum vorherrschenden Christentum.

Doch was war dann das sogenannte Christentum?

- Das Christentum war zunächst einmal eine geografische Region, in der jede und jeder – zumindest nominell – Christ war.
- Das Christentum war eine historische Ära, die ihren Anfang mit der Bekehrung Konstantins im 4. Jahrhundert nahm und bis ins späte 20. Jahrhundert andauerte.
- Das Christentum war eine Zivilisation, die entscheidend durch die Geschichte, Sprache, Symbole und Regeln des christlichen Glaubens geprägt war.
- Das Christentum war ein politisches Arrangement, in dem sich Kirche und Staat gegenseitig unterstützten und legitimierten, wenn auch häufig mit Bauchschmerzen.
- Das Christentum war eine Ideologie, eine geistige Haltung, eine Art des Denkens über das Handeln Gottes in der Welt.

Der „Wechsel zum Christentum" entstand im 4. Jahrhundert. Konstantin und seine Nachfolger (mit einer kurzfristigen Ausnahme) wandten sich dem Christentum zu und so wurde das heidnische Römische Reich nach und nach offiziell christlich. Eine Mischung aus gutem Zureden, Anreizen und Zwang brachte die Bewohner dieses Reiches dazu, diesen Glauben anzunehmen. Andere Religionen wurden unterdrückt und das Heidentum wurde schließlich verboten, auch wenn Reste davon noch Jahrhunderte später vorhanden waren, vor allem in ländlichen Gebieten. Einzig die Juden blieben als eine anders denkende Gemeinschaft übrig. Sie zu assimilieren gelang dem Heiligen Römischen Reich ebenso wenig wie dem heidnischen Reich vor ihm. Nur war es wesentlich effizienter in der Verfolgung der Juden und in den andauernden Bemühungen, sie zu bekehren. Aber so ziemlich jeder andere war jetzt ein Christ – eher durch Geburt als durch Entscheidung. In einer Gesellschaft, in der dies die Grundposition war, wurde die Frage „Bist du Christ?“ vollkommen bedeutungslos.

Das Christentum breitete sich aus. Missionare brachten das Evangelium und die christliche Kultur des Reiches in Länder und zu Volksgruppen, die jenseits der Grenzen des alten Reiches lagen. Die Armeen des Reiches, die unter dem „Zeichen des Kreuzes“ kämpften, eroberten neue Gebiete und zwangen den eroberten Völkern den christlichen Glauben auf. Um das Jahr 1000 gehörten nahezu alle Europäer zum Christentum. Jenseits davon lag das „Heidentum“, fremde Kulturen und Zivilisationen, in das Missionare und Armeen von Zeit zu Zeit Vorstöße unternahmen. Aber die meisten Menschen innerhalb des vom Christentum dominierten Reiches hatten, anders als die Christen der frühen Kirche, überhaupt keinen Kontakt mit anderen Zivilisationen, Religionen und Kulturen. Sie hatten aber auch keinen Berührungspunkt mit den großen christlichen Gemeinschaften in Asien, jenseits der Grenzen ihrer Welt – Gemeinschaften, die jahrhundertelang gediehen, ohne die Unterstützung eines christlich-konstantinischen Systems.

Das Christentum war in seiner Blütezeit im Mittelalter eine machtvolle, reiche, kreative und selbstbewusste Zivilisation. Theologie und Philosophie blühten auf. Künstler und Bildhauer, Dichter und Musiker, Architekten und Schriftsteller, interpretierten, kontextualisierten und verankerten christliche Themen und Werte in ihren Gebäuden, ihrer Literatur, ihren Liedern und Statuen. Christliche Theologie und Ethik bildeten den Rahmen für die Gesetzgebung und Rechtspraktiken. Die menschlichen Lebensphasen wurden durch christliche Rituale markiert und der Rhythmus der Jahreszeiten wurde in christliche Feiertage eingebunden. Die christliche Geschichte formte die Kultur des Christentums.

Untermauert wurde diese Zivilisation durch die Vorstellung von einer „heiligen Gesellschaft“, in der Religion und Politik, Öffentliches und Privates, Kirche und Staat völlig miteinander verbunden waren. Das Christentum kannte die Trennung heilig (sakral)/weltlich (säkular) nicht, mit denen moderne westliche Gesellschaften so vertraut sind. Die beiden Säulen dieser Zivilisation waren Kirche und Staat.

Diese unterschieden sich zwar unverkennbar in Form und Funktion, waren aber gleichzeitig untrennbare Partner, die die Gesellschaft kontrollierten. In manchen Zeiten beherrschte der Kaiser den Papst; manchmal verlangte der Papst Gehorsam vom Kaiser. Die Machtverhältnisse wechselten, aber diese beiderseitig nutzbringende Partnerschaft überdauerte. Die staatliche Macht gewährte den geistlichen und moralischen Ansprüchen der Kirche Rückendeckung, während diese im Gegenzug die Politik und das Handeln des Staates segnete.

Diese Partnerschaft (manche würden sie Übereinkunft nennen) zwischen Kirche und Staat war auch verantwortlich für andere Merkmale des Christentums, die heute wohl kaum noch jemand rechtfertigen würde. Selbst unter Berücksichtigung der unzweifelhaften Leistungen des Christentums, war es eine brutale Kultur. Sie terrorisierte die eigenen Untertanen durch Inquisition, Folter und Hexenverfolgungen; sie unterdrückte die Menschen durch ein überaus verhasstes Steuersystem des Zehnten, verfolgte Andersdenkende und erweiterte seinen Einflussbereich durch Kriege, erzwungene Taufen und Kreuzzüge. Das Christentum, so argumentierten die Täufer im 16. Jahrhundert, entstellte das Evangelium. Dem würden heute viele zustimmen.

Im 15. und 16. Jahrhundert zerbrach und expandierte das Christentum gleichzeitig. Mit der Entdeckung der „Neuen Welt“ bot sich die Möglichkeit, neue Gebiete unter den Einfluss des Christentums zu bringen. Durch die bekannte Kombination von Eroberung und Mission wurden die verschiedenen Völker Amerikas in das Christentum hineingespült. Dabei wurde die europäische Kultur als ein entscheidender Bestandteil dieses Prozesses ebenfalls exportiert. Die europäische Kultur wurde selbstverständlich als christlich betrachtet und als zweifellos allen anderen überlegen. Vergessen war, dass der christliche Glaube Jahrhunderte zuvor in die europäische Gesellschaft hinein kontextualisiert worden war. Daher setzten die Missionare des Christentums für gewöhnlich voraus, dass ihre kulturelle Ausdrucksweise des christlichen Glaubens normativ war und bürdeten ihn überall allen auf. Obwohl es bereits früh Ausnahmen gab, realisierten die meisten Missionare und Missionsgesellschaften nur langsam, dass der christliche Glaube sich in vielen unterschiedlichen Kulturen verkörpern und die europäische Kultur durch andere Kulturen notwendige Gaben empfangen kann.

Aber diese Periode der Expansion fiel zusammen mit der Zersplitterung des Christentums. Die Reformatoren des 16. Jahrhunderts versuchten, die Kirche zu reinigen und zu erneuern. Sie erreichten trotz bester Absichten aber nur die Aufspaltung des Christentums in konkurrierende Mini-Christentümer – Lutheraner, Reformierte, Calvinisten, Katholiken und Anglikaner. Es hatte allerdings bereits früher schon ein schmerzhaftes Schisma, eine Spaltung, gegeben, zwischen dem (westlichen) katholischen und dem (östlichen) orthodoxen Ableger des Christentums, aber diese erneute Fragmentierung war wesentlich zerstörerischer. Ohne es zu wollen, säte die Reformation den Samen des Niedergangs der vom Christentum dominierten Gesellschaft aus.

Nicht dass dies sogleich offensichtlich geworden wäre. Europa blieb offiziell christlich. Die Geschichte und die Symbole des christlichen Glaubens durchdrangen weiterhin die europäische Kultur. Die Partnerschaft zwischen der Kirche und dem Staat blieb erhalten, wenn auch zunehmend auf der Ebene von Fürstentümern und aufstrebenden Nationalstaaten, statt auf Reichsebene. Und die Infragestellung, der sich das christlich-konstantinische System durch die Täufer und anderen ausgesetzt sah, war doch nicht wirksam genug, um den Status quo zu bedrohen. Aber das Christentum wurde massiv aufgeweicht durch ein Jahrhundert der Kriege zwischen diesen Mini-Christentümern, deren Kirchenführer die Ziele und Waffen auf allen Seiten segneten. Aufgeweicht wurde es zudem auch durch die Entstehung weiterer nonkonformistischer Bewegungen, die die staatliche Kontrolle der Kirchen ablehnten. Als der Einfluss der Aufklärung im 18. Jahrhundert frühere Bindungen und Gewissheiten fortspülte, wandten sich mit der Zeit viele Europäer vom Christentum ab, zugunsten einer säkularen Gesellschaft. Aber bevor diese Möglichkeit gängige Praxis wurde, gaben viele die „Staat-Kirche"-Synthese auf und schlugen einen „Freikirchen"-Kurs ein, dem die Täufer den Weg bereitet hatten.

Mitte des 20. Jahrhunderts wurde es schließlich mehr als deutlich, dass das Christentum sich in einem unaufhaltsamem Niedergang befand. Der Begriff „Post-Christentum" tauchte auf und Beobachter fragten sich, was auf die 1500 Jahre europäischer Geschichte folgen würde. Es gibt noch einige Staatskirchen in Europa, die sich aber als anachronistisch erweisen, und dann und wann werden Vorschläge gemacht, um diese Verbindungen zu lösen. In den Kirchen nahezu aller Traditionen ist die aktive Beteiligung dramatisch gesunken. Einige der großen Denominationen sind in der ersten Hälfte dieses Jahrhunderts akut vom Untergang bedroht. Die christliche Erzählung ist immer weniger bekannt, christliche Symbole werden nicht mehr erkannt, und in den meisten westlichen Gesellschaften stellen die Kirchen nicht mehr das kulturelle Zentrum dar.

Ich sammle „Post-Christentum-Anekdoten" – Geschichten, die den Niedergang des Christentums deutlich machen. Es sind Beispiele, die zeigen, wie vor allem junge Menschen in unserer westlichen Welt zunehmend weniger vertraut sind mit den christlichen Berichten und Symbolen. Hier drei aktuelle Beispiele. Dänemark: In einem Gottesdienst wurde das Brot für das Abendmahl in kleine Stücke gebrochen und auf einen Teller gelegt. Ein Besucher fragte, ob das für die Vögel gedacht sei und nach dem Gottesdienst nach draußen gebracht würde. Tschechien: Ein Mädchen sah sich in einer Kunstgalerie ein Bild von der Kreuzigung an und fragte: „Wer hat ihm das angetan?" Ihr Freund erwiderte: „Das waren die Kommunisten."[14] England: Während sie auf dem Weg zur Schule an einer Kirche vorbeilaufen, fragt ein kleiner Junge seine Mutter, wer die Figur da auf einem Kreuz sei. Sie wusste es nicht und fragte deshalb beim späteren Kaffeetrinken in der Schule, ob es jemand der anderen wüsste. Nur einer der 25 anwesenden Elternteile wusste die Antwort.

Abweichungen, Reste der früheren Herrlichkeit, die Beharrlichkeit der bürgerlichen Religion, Nachhutgefechte, Prognosen über eine bevorstehende Wiederbelebung und Versuche, die Menschen davon zu überzeugen, „zurück in die Kirche" zu kommen, können die Wirklichkeit nicht verhehlen, dass das Christentum verschwindet und eine neue Landschaft erkennbar wird. Weil es in ihr wenige vertraute Merkmale gibt, empfinden sie viele als bedrohlich, düster und verwirrend. Was bedeutet es heute, Nachfolger Jesu zu sein? Wie

[14] Diese Anekdote findet sich in: Philip Jenkins, *Gottes Kontinent?* (Eggolsheim: Dörfler, 2008).

können sich die Kirchen am Leben erhalten und an einer Gesellschaft beteiligen, die ihren Einfluss marginalisiert hat? Was bedeutet Mission in einem Kontext, in dem es viele religiöse Optionen gibt, die mit dem Säkularismus um Herz und Hirn unserer Zeitgenossen konkurrieren? Diese Fragen gehen heute an alle Christen im Westen.[15] Einfachen und schnellen Antworten kann man nicht vertrauen. Wir werden kein neues Programm, keine neue Strategie finden, die alle unsere Probleme lösen werden. Aber auch beharrlich weiterhin das zu tun, was wir immer schon getan haben, oder es sogar noch intensiver zu versuchen, wird uns nicht das wiederbringen, von dem wir spüren, dass wir es verloren haben. Wir befinden uns in den Geburtswehen eines umfassenden kulturellen Umbruchs, wie wir ihn seit vielen Generationen nicht mehr erlebt haben.

Also, warum neigen wir dann dazu, das Ende des Christentums zu feiern?

- Weil wir nicht davon überzeugt sind, dass dieses Christentum wirklich authentisch christlich war. Hier gab es zwar wundervolle Christen und Einrichtungen, aber die Wendung zum konstantinisch geprägten Christentum war ein tragischer Fehler. Davon sind wir überzeugt. Und das System, das es hervorbrachte, war grundsätzlich fehlerbehaftet und zutiefst unchristlich.
- Weil wir überzeugt sind, dass authentischer Glaube und echte Nachfolge da aufblühen können, wo jemand keine sozialen Sanktionen zu erwarten hat, wenn er oder sie sich entscheidet, nicht zu glauben. Wenn es keine Anreize, keinen Zwang und keinen gesellschaftlichen Druck mehr gibt, ist das, was übrig bleibt, eher echter christlicher Glaube.

---

15 Der häufige Bezug auf „westliche Christen" ist notwendig. Die nachchristliche Zeit ist nicht der Kontext, in dem sich Christen in vielen Teilen der Welt heute wiederfinden. Das Gravitationszentrum der weltweiten Kirche befindet sich heute nicht in Europa oder Nordamerika, sondern in Regionen, in denen es keine konstantisch-christliche Ära gegeben hat. Auch täuferische Christen kann man in diesen Regionen finden, aber in diesem Kapitel liegt der Fokus auf dem Beitrag, den die täuferische Tradition den Christen einer nachchristlichen Kultur des Westens zu geben hat.

- Weil wir glauben, dass das Christentum Jesus marginalisiert und das Evangelium verfälscht hat. Sein Niedergang bietet eine Möglichkeit, Jesus wieder in das Zentrum des christlichen Glaubens zu stellen und das transformierende Potenzial des Evangeliums für alle Bereiche des Lebens wiederzuentdecken.

Das bedeutet jetzt nicht, dass eine Trauerarbeit über das Ende des Christentums überflüssig wäre. Es gibt echte Verluste, wie es auch Gewinne gibt. Wir können auf die christlich-konstantinische Zeit mit Dankbarkeit und Wertschätzung, aber auch mit Schrecken und Bestürzung zurückblicken. Aber wenn wir ihm die letzte Ehre erwiesen haben, ist es sicher an der Zeit für einige „Post-Christentum-Partys“! Das imperiale Christentum ist an sein Ende gekommen – möge Gott uns in neue Abenteuer leiten, die das Post-Christentum für uns bereithält.

Was ist Post-Christentum?

Im ersten Band der Reihe „After Christendom“, habe ich eine Definition des Post-Christentums vorgeschlagen, die eine hohe Akzeptanz zu genießen scheint:

„Eine Kultur, in der die Verbindung von christlichem Glauben und einer, durch die christliche Geschichte geprägte, Gesellschaft verloren geht und in der Institutionen an Einfluss verlieren, die christliche Überzeugungen vertreten.“[16] Im gleichen Buch mache ich den Vorschlag, den Wechsel vom Christentum zum Post-Christentum mit den folgenden sieben Veränderungen zu beschreiben: [17]

- *Vom Zentrum an die Ränder*: Im Christentum waren die christliche Geschichte und die Kirchen zentral, aber im Post-Christentum sie nur noch von marginaler Bedeutung.
- *Von der Mehrheit zur Minderheit*: Im Christentum waren die Christen die oft erdrückende Mehrheit, im Post-Christentum sind wir jedoch eine Minderheit.

---

16 Stuart Murray, *Post-Christendom* (Carlisle: Paternoster, 2004), 19.

17 Murray, *Post-Christendom*, 20.

- *Von Siedlern zu Gästen:* Im Christentum fühlten sich die Christen in einer Kultur zu Hause, die von ihrer Geschichte geprägt war. Aber im Post-Christentum sind wir Fremde, Exulanten und Pilger in einer Kultur, in der wir uns nicht mehr zuhause fühlen.
- *Vom Privileg zur Pluralität*: Im Christentum genossen die Christen viele Privilegien, aber in einer pluralistischen Gesellschaft des Post-Christentums sind wir nur noch eine Gemeinschaft unter vielen.
- *Von der Kontrolle zum Zeugnis*: Im Christentum konnten Kirchen gesellschaftliche Kontrolle ausüben, aber im Post-Christentum haben wir nur noch dadurch Einfluss, dass wir unsere Geschichte und ihre Auswirkungen bezeugen.
- *Von der Bewahrung zur Mission*: Im Christentum lag das Schwergewicht auf dem Bewahren eines vermeintlichen Status quos, aber im Post-Christentum liegt es auf der Mission in umstrittenem Gelände.
- *Von der Institution zur Bewegung*: Im Christentum funktionierten die Kirchen hauptsächlich als Institutionen, aber im Post-Christentum müssen wir wieder eine christliche Bewegung werden.

Hunderte Male habe ich diese Veränderungen dargelegt und darauf verwiesen, dass sich die ersten fünf ereignen werden, ob wir es mögen oder nicht. Und wenn wir effektiv reagieren wollen, haben wir uns den Herausforderungen der letzten beiden Veränderungen zu stellen. Die Reaktionen auf die beschriebenen Veränderungen waren sehr unterschiedlich, aber nirgendwo wurden sie als falsch oder inkonsequent zurückgewiesen. Christen im Westen erkennen die Realität des Post-Christentums, auch wenn dieser Begriff für manche noch neu ist.

Welchen Reaktionen bin ich begegnet? Drei gängige Antworten waren:

- „Die hier beschriebene Wirklichkeit erkennen wir an, aber wir wollen das so nicht akzeptieren. Gibt es nicht einen Weg, das Christentum wiederherzustellen?“

- „Unsere Kirche/Gemeinde war niemals Teil des christlich-konstantinischen Systems. Könnte Gott uns, und andere wie uns, nicht dahin bringen, das Christentum zu ersetzen?"
- „Wir glauben nicht, dass die Zukunft so aussehen wird. Gott wird das nicht zulassen. Es wird eine Erweckung geben, die unsere Gesellschaft zurück zu Gott bringen wird."

Meiner Meinung nach ist keine dieser Reaktionen wirklich hilfreich. Ich glaube nicht, dass es einen Weg zurück zum Christentum gibt. Ich will auch nicht, dass diese fehlerhafte Struktur und Gestalt wiederhergestellt wird. Ich kann es akzeptieren, dass einige neue Kirchen sich nicht als Teil der christlich-konstantinischen Ära verstehen. Die meisten aber sind mit dem Virus des Christentums infiziert und sie würden, böte sich ihnen die Gelegenheit, ganz einfach das Christentum neu erfinden. Und ich vermute, dass sehr viel von dem, was über eine Erweckung gesagt wird, eigentlich durchsetzt ist von den Anschauungen und Erwartungen dieses Christentums. Nicht zuletzt mag darin auch der Gedanke mitschwingen, dass die Europäer Gottes Lieblinge sind, und der christliche Glaube in Europa nicht wirklich zu einer Randerscheinung werden könnte.

Gemeinsam mit anderen Christen reagieren wir anders auf diese Veränderungen. Was ist, wenn die Kirchen des Westens auf eine Zeit des Exils zusteuern? Was, wenn Gott uns aus dem Christentum herausführt, damit wir seinem verfälschten Evangelium und marginalisierten Jesus ganz neu begegnen können? Was, wenn es ein Echo oder gar Parallelen gibt, zwischen unseren Erfahrungen heute und denen der Israeliten im babylonischen Exil, an die der alttestamentliche Prophet Jeremia einst schrieb?

Statt sich nach einer Rückkehr nach Jerusalem zu sehnen und angesichts der Zukunft zu verzweifeln oder apathisch zu werden, drängte Jeremia sie dazu, ihre neue Situation als den Willen Gottes zu akzeptieren. „*Ich* habe euch ins Exil geschickt", sagt der Herr. Er forderte sie auf, den Segen Gottes über jene zu erbitten, die sie als Feinde erlebten und sich auf kreative Art und Weise für sie zu einzusetzen, was letztlich auch ihrer eigenen Gemeinschaft zu Gute käme (Jer 29,1-9).

Rückblickend erkennen wir, dass das Exil für die Israeliten eine tiefe Bedeutung gewann. Ihre Sicht von Gott erweiterte sich enorm. Gott war ebenso Gott in Babylon, wie er es in Israel war, denn er ist der Gott der gesamten Erde. Das Dauerthema Götzendienst wurde hier abschließend behandelt. Das Entstehen der Synagoge in einem Kontext, in dem es keinen Zugang zum Tempel mehr gab, veränderte ihr religiöses Leben. Und das beeinflusste später auch die Gestalt und die Praxis der frühen Kirche. Prophetische Einblicke in die Absichten Gottes für die Menschheit, die in einem neuen Himmel und einer neuen Erde gipfelten, waren in ihre Schriften verwoben. Sie wurden gesammelt, bearbeitet und angewandt auf diese neue Situation. Könnte eine Periode des „Exils" für westliche Christen heute gleichermaßen verändernd und befreiend sein und Zukunftsperspektiven eröffnen? Können wir darin nicht die Hand Gottes erkennen?

Das Post-Christentum wird dennoch keine einfache Umgebung sein für den christlichen Glauben und die Nachfolge. Das sehr gemischte Erbe der christlich-konstantinischen Zeit hat uns nur sehr schlecht auf die kommenden Herausforderungen vorbereitet. Aber es existieren auch wunderbare Möglichkeiten, wenn wir sie nur wahrnehmen und den Mut haben, sie zu ergreifen.

Vielleicht fällt es Christen aus der täuferischen Tradition leichter, diese Perspektive einzunehmen. Für die Kirchen, die durch die Geschichte von ihrer zentralen Bedeutung und ihrem Mehrheitsbewusstsein geprägt sind, für Christen, die sich zu Hause und sicher gefühlt haben, und für Denominationen, die es gewohnt waren, Einfluss, wenn nicht sogar Kontrolle, auszuüben, und die nicht daran gewöhnt waren, anderen auf Augenhöhe zu begegnen, erfordern die oben beschriebenen Veränderungen einen signifikanten Paradigmenwechsel. Der braucht Entschlossenheit, Geduld, und kontinuierliche Selbstüberprüfung, denn Institutionen wollen bewahren, was ist. Bewegungen hingegen wollen wachsen und mehr erreichen. Dementsprechend geht es in dem Paradigmenwechsel darum, das Bemühen um Bestandspflege nicht als Mission zu deklarieren, sondern Mission als Bewegung und Sendung hin zu den Menschen zu verstehen.

An den Rändern des Christentums wirksam zu sein ist ein Vermächtnis der Täufer. Nicht immer blieb das Täufertum eine missionarische Bewegung, sondern erstarrte zeitweise in institutionalisierter Bestandspflege. Trotzdem kann es entscheidende Beiträge liefern, wenn westliche Christen aus allen Traditionen sich nach der Trauerarbeit über das Ende des Christentums auf den Weg machen, das Post-Christentum zu feiern. Was kann die täuferische Tradition hier einbringen?

- *Ein Ruf zur Umkehr.* Es reicht nicht aus einzusehen, dass das Christentum verblasst, und dann notwendige Korrekturen vorzunehmen. Wenn wir die Möglichkeiten des Post-Christentums ergreifen wollen, müssen wir uns von jenen Aspekten des Christentums distanzieren, die das Evangelium verdreht haben und uns weiterhin lähmen.
- *Eine Warnung vor der Ideologie.* Das konstantinisch geprägte Christentum war mehr als ein geografisches Gebiet, eine historische Ära oder ein politisches Arrangement. Es war ein Denkmuster, eine Ideologie. Und seine Art der Deutung, wie Gott in der Welt handelt, diese Zusammenstellung von Werten und Erwartungen, wird noch lange weiter bestehen, wenn alle anderen Aspekte dieses Christentums verschwunden sind. Es könnte in neuer Form in anderen Teilen der Welt wieder auftauchen.[18]
- *Eine Herausforderung zur Entgiftung.* Die christlich-konstantinische Ära hat Gifte im Blutkreislauf des Leibes Christi hinterlassen – Praktiken, Impulse, Überzeugungen, Strukturen, Haltungen, Neigungen, Kompromisse und Reaktionen, die unsere Gesundheit beeinträchtigen und unser Zeugnis entstellen. Wir müssen unser Struktur und Gestalt von diesen Toxinen reinigen.
- *Ein Appell, auszuräumen.* Verstreut in Kirche und Gesellschaft finden sich Reste des Christentums – zahllose Praktiken, Institutionen, Privilegien, Reflexe, Haltungen, bestimmte Weisen zu reden und zu denken. Sie sind nicht nur veraltet und unangemessen in einer pluralistischen Gesellschaft, sondern oft

[18] Vgl. Philip Jenkins, *Die Zukunft des Christentums* (Gießen: Brunnen, 2006).

auch ungerecht und stellen ein Hindernis für die Mission dar. Wir haben uns ihrer zu entledigen und im Post-Christentum andere Wege des Denkens und Handelns zu lernen.

All das hört sich nicht gerade nach besonders attraktiven Party-Beiträgen an. Was können Täufer noch mitbringen?

- *Unkonventionelle Praktiken.* Nahezu fünf Jahrhunderte lang entdeckten Täufer Wege, auf denen man Jesus nachfolgen kann, und sie bauten christliche Gemeinden, die unabhängig von den Prämissen des Christentums waren. Wie wir im nächsten Kapitel noch sehen werden, stammen manche dieser Praktiken noch aus der Zeit vor dem 16. Jahrhundert, und sie sind in vielen nonkonformistischen Bewegungen wieder aufgetaucht.
- *Unerwartete Einblicke.* Wenn wir die Scheuklappen des Christentums ablegen, gewinnen wir ganz frische und neue Einblicke in alle möglichen Bereiche – theologische, ethische, kirchliche, missionale. Was viele Christen am Täufertum anziehend fanden, war seine Fähigkeit, konventionelle Denkweisen infrage zu stellen und zu kreativen Denkansätzen anzuregen.
- *Erfahrungen mit dem Randsiedlerdasein.* Für Traditionen, die man nutzte, um politischen Einfluss, sozialen Status und eine zentrale Stellung in der Gesellschaft zu gewinnen, ist das Ende des Christentums eine unbequeme und entmutigende Angelegenheit. Täufer aber waren immer am Rand angesiedelt, weshalb für sie das Ende des Christentums weniger verwirrend ist. Statt den Einflussverlust zu beklagen, loben wir die Möglichkeiten, die Verbindung mit der biblischen Geschichte zu erneuern, in der das Reich Gottes normalerweise an den unerwarteten und marginalen Orten auftaucht.
- *Ein Friedenszeugnis.* Das Post-Christentum ist ein umkämpftes Feld. Unsere Berufung ist es, in einer pluralistischen Gesellschaft, mit ihren wetteifernden Interessengruppen und dem permanenten Risiko der sozialen Fragmentierung, Zeugnis von Jesus abzulegen. Manche sind versucht, sich zurückzuziehen

und still zu sein – eine Versuchung, der im Lauf der Geschichte einige Täufer erlegen sind. Andere sind eher versucht, streitlustig zu agieren, jedes verbleibende Privileg zu verteidigen und ihre Ansichten anderen aufzuzwingen. In ihrer besten Form aber bietet die täuferische Bewegung ein Vorbild für ein vom Frieden geprägtes Zeugnis, das Worte und Taten, persönliches und gemeinschaftliches Zeugnis, Hören und Reden beinhaltet.

- *Die zentrale Stellung von Jesus.* Diesen Schwerpunkt haben wir bereits im letzten Kapitel näher beleuchtet. Dieses Beharren auf der zentralen Stellung von Jesus dürfte wohl die größte Gabe sein, die die Täufer den Christen des Post-Christentums machen können.

Die Täufer, als Vertreter einer breiteren und älteren Tradition Andersdenkender, bringen zu diesen Partys nicht nur eine beißende Kritik am Christentums mit, sondern auch eine alternative Interpretation und Ausgestaltung der christlichen Nachfolge. Es gibt andere Wege des Christseins, des Aufbaus christlicher Gemeinschaften und des Mitteilens des christlichen Glaubens als diejenigen, die in den großen Traditionen üblich waren. Andere Traditionen werden ihre eigenen Gaben einbringen, manche gerade noch gerettet aus der verlöschenden Glut des Christentums, andere importiert aus Gegenden der Welt, die vom Christentum nie erreicht wurden. Das Post-Christentum wird die Gaben vieler Traditionen erforderlich machen, wenn wir die Möglichkeiten ergreifen wollen, die es bietet.

Die vierte Grundüberzeugung:

Die häufige Verbindung der Kirche mit Status, Reichtum und Macht ist der Nachfolge Jesu unangemessen und schadet unserem Zeugnis. Wir verpflichten uns, nach Wegen zu suchen, die für die Armen, Machtlosen und Verfolgten gute Nachricht sind. Wir sind uns bewusst, dass diese Art der Nachfolge Widerspruch auslösen und zum Leiden führen kann, ja manchmal sogar im Martyrium enden könnte.

Christentum bedeutete Einverständnis

Die sichtbarsten Hinterlassenschaften der christlich-konstantinischen Ära, sind die Kathedralen, Basiliken, Münster und Parochialkirchen, in denen sich über Jahrhunderte hinweg die Gottesdienstbesucher Sonntag für Sonntag versammelt haben. Diese Gebäude tragen den Stempel der Generationen, die dort Gottesdienst gefeiert haben. Es sind Orte, in denen die Menschen gebetet und gesungen, getrauert und gefeiert, still gesessen und ehrfurchtsvoll gestanden haben. Für viele Besucher stellen sie heilige Orte dar, an denen Gott näher als sonst zu sein scheint, und an denen das Gebet wesentlich natürlicher funktioniert. Aber diese Gebäude lehren auch Theologie und erzählen die christliche Geschichte durch ihre Architektur, die Glasfenster, Bildteppiche, Gemälde, Skulpturen, Ikonen und Mosaike.

In vielen ländlichen Gegenden stehen diese kirchlichen Gebäude mitten in den Ortschaften und dominieren dort noch das Ortsbild; in den meisten Städten stehen sie heute dagegen im Hintergrund und werden überschattet durch die Büro- und Apartmenthochhäuser. Obwohl das Christentum verblasst, bleiben manche von ihnen weiterhin Zentren des geistlichen Lebens und geschätzte Orte für die Gemeinschaft, während andere hauptsächlich von Touristen besucht werden. Und manche Kirchen wurden bereits umgewandelt in Geschäfte, Wohnungen, Museen oder Treffpunkte für andere Glaubensgemeinschaften.

Viele dieser Gebäude spiegeln aber auch die Werte und Voraussetzungen der christlich-konstantinischen Zeit wider. Sie wurden entworfen, damit die Zuhörer die Vorführung der Geistlichen sehen und hören, statt sie als Gemeinde zu beteiligen. Ihre Größe und Erhabenheit sollen ehrfürchtige Bewunderung Gottes bewirken, aber sie unterstreichen gleichzeitig auch den sozialen Status der Kirche. Ihre Ausschmückung mit kostbaren Materialien und die schieren Bau- und Unterhaltskosten sind dazu gedacht, Gott zu verehren, aber sie spiegeln auch kirchlichen Reichtum und die Entscheidungen der Kirchenführer wider, wofür sie ihre Ressourcen einsetzen wollten. In vielen Kirchen finden sich auch die Flaggen von Regimentern und Denkmäler für Kriegsopfer, und sie erinnern uns daran, wie tief die Kirche in die Segnung tödlicher Gewalt verstrickt war.

Historische Gebäude machen die Herrlichkeit und die Kompromisse des Christentums sichtbar. Die Bekehrung Konstantins löste ein massives Bauprogramm aus, da jetzt Mittel des Reichs zur Verfügung standen, um Gottesdienstorte zu schaffen, die einer Reichsreligion angemessen waren. Angelehnt an die beeindruckendsten öffentlichen Bauwerke jener Zeit, boten die neuen Basiliken und Kathedralen Raum für große Gemeinden. Jetzt war die Zeit vorbei, in der sich kleine Gemeinden aus Angst vor Entdeckung in Mietskasernen, geeigneten Privathäusern und anderen Orten trafen. Bald schon stellten großartige Kirchenbauten alle anderen architektonischen Leistungen in den Schatten. Zentral platziert und sich über ganz Europa ausbreitend, demonstrierten sie unmissverständlich den endgültigen Triumph des Evangeliums über das Heidentum. Aber sie verkörperten auch das insgeheime Bündnis der Kirche mit Status, Reichtum und Macht, was heute vielen so widerwärtig erscheint.

Die ersten Täufer waren durch diese Art Bündnis zutiefst beunruhigt. Als eine Bewegung, die hauptsächlich aus armen, machtlosen und verfolgten Nachfolgern Jesu bestand, waren sie diesbezüglich sehr sensibel. Der ungeheure Reichtum der Kirche und das Eintreiben des steuerlichen Zehnten unter denjenigen, die sich solche Zahlungen kaum leisten konnten, schienen absolut unvereinbar zu sein mit dem Vorbild und der Lehre Jesu. Denn dessen Auftrag war es ja, den Armen gute Nachricht zu bringen (Lk 4,18-20). Der herrschaftliche Status der Bischöfe, die Identifikation der Kirche mit den Interessen der Mächtigen, und ihre Abneigung, ein ungerechtes und unterdrückerisches soziales System infrage zu stellen oder zu verändern, waren nur schwer mit der subversiven Botschaft des Evangeliums in Einklang zu bringen. Da heißt es ja, die Niedrigen würden erhöht und die Gewaltigen vom Thron gestoßen (Lk 1,52). Und die Komplizenschaft der Kirche mit dem staatlichen Einsatz von Gewalt und Zwang – sei es in Form von Kriegszügen, Kreuzzügen, Hinrichtungen, Folter, Inquisition oder Verfolgung – erschütterte diejenigen zutiefst, die hörten, wie Jesus sie aufforderte, die Feinde zu lieben, und auf Gewalt und Zwangsmaßnahmen zu verzichten.

Die heutige täuferisch-mennonitische Bewegung teilt diese Anliegen. Die Entwicklung hin zum Christentum hatte unvermeidliche

Konsequenzen. Anstatt dass das Evangelium das Reich veränderte, untergruben Werte und Praktiken des Reiches die Kirche. Die ersten Gemeinden waren weit davon entfernt, perfekt zu sein, was im Neuen Testament und nachfolgenden Schriften deutlich zutage tritt. Aber sie vertraten und praktizierten Formen der Nachfolge, die ihre Mitglieder befähigten, sich von Statusstreben, übertriebenem Reichtum und der Anwendung von Zwang zu distanzieren. Die christlichen Gemeinden in den ersten drei Jahrhunderten gingen anders mit Geld um, hoben die Bedeutung des Status auf und verweigerten sich dem Rückgriff auf Gewaltanwendung. Ebenso wie die ersten Täufer bestanden sie zu einem großen Teil aus den Armen, Machtlosen und Verfolgten. Die Entwicklung zum Christentum veränderte das. Die Kirche begann sich mit dem Status, dem Wohlstand und der Gewalt einzulassen. So wurde das Evangelium, das sie predigte, verfälscht und ihr Zeugnis von Jesus beschädigt.

Die Verbindung der Kirche mit Status, Wohlstand und Macht sorgte dafür, dass die Menschen dem Evangelium entfremdet wurden. Trotz ihrer reduzierten Größe und ihres verringerten Einflusses, empfinden heute immer noch viele die Kirche als eine reaktionäre Institution, die die Werte der herrschenden Gesellschaft verkörpert – und die sich stärker um die gesellschaftliche Ordnung als um soziale Gerechtigkeit sorgt. Viele Kirchen und Denominationen sind immer noch wohlhabende Grundstückseigentümer und wesentlich stärker in wohlhabenden Gegenden vertreten als in armen Gegenden. Auch wenn die Kirche heute keinen Zwang über diejenigen ausüben kann, mit denen sie unterschiedlicher Meinung ist, so spricht und handelt sie dennoch oftmals immer noch so, als würde sie die moralische Autorität für sich beanspruchen und könnte dem Rest der Gesellschaft Vorschriften machen. Sie hinterlässt sehr stark den Eindruck, dass ihr Verlust von Status, Wohlstand und Kontrollmacht, das Ergebnis historischer Umstände ist, und nicht von Abkehr und Buße.

Das Post-Christentum bietet Möglichkeiten

Das aufkommende Post-Christentum bietet den Kirchen eine Möglichkeit, diese Verbindungen zu bereuen und die Berufung zur Nachfolge Jesu wiederzuentdecken, indem wir zur guten Nachricht werden für die Armen, Machtlosen und Verfolgten. Einige der Veränderungen, die wir in diesem Kapitel bereits genannt haben, können uns auf diesem Weg behilflich sein.

- *Vom Zentrum an die Ränder*: Eine randständige Kirche kann zu ihren Wurzeln zurückkehren, die in der Geschichte eines Gottes liegen, der so oft durch die Armen und Machtlosen gehandelt hat. Statt der „Top-down"-Strategien des Christentums, offenbart uns die Schrift einen „Bottom-up"-Ansatz, der charakteristisch ist für die Mission Gottes. Das Post-Christentum hat die Wahl, sich solche Ansätze zu eigen zu machen und sich mit anderen am Rand zu verbinden.
- *Von der Mehrheit zu Minderheit*: Eine Minderheitskirche kann ihr prophetisches Mandat zurückgewinnen. In der christlich-dominierten Gesellschaft investierte die Kirche so viel in den Status quo, dass es ihr kaum möglich war, prophetisch zu sein, oder zwischen einer angeblichen christlichen Gesellschaft und dem kommenden Reich Gottes zu unterscheiden. Das Post-Christentum kann die Hoffnung wiederentdecken. Sie findet sich in der Vision von einer Gesellschaft, in der das Reich Gottes ganz gegenwärtig ist. Und sie liegt darin, im Namen derjenigen auftreten, die vom herrschenden System unterdrückt werden.
- *Von Siedlern zu Gästen:* Eine Kirche im Exil, eine pilgernde Kirche, hat einen klareren Blick als eine sesshaft gewordene und abgesicherte Kirche. Petrus bezeichnete die ersten Christen als *paroikoi* (ansässige Ausländer, vgl. 1 Petrus 1,1), die über das ganze Reich verstreut als Einwohner verschiedener Orte, Städte und Provinzen lebten, deren primäre Loyalität aber dem Reich Gottes galt. In der christlich-konstantinischen Ära wurden aus den *paroikoi* Pfarreiangehörige (einer Parochie), die sich der fortwährenden Spannung zwischen Evangelium und Kultur nicht mehr bewusst waren. Doch dort wo wir falsche Kompromisse eingegangen sind, kann die Kirche des Post-Christentums kontrastgesellschaftliche Ansätze entwickeln.

- *Vom Privileg zur Pluralität*: Eine Kirche ohne Privilegien kann besser ermessen, wie sich die Armen, Machtlosen und Verfolgten fühlen. Und sie kann nach Gerechtigkeit für alle streben, statt einfach nur ihrem Eigennutz zu dienen. Anstatt sich nach dem verlorenen Status des Christentums zu sehnen oder verzweifelt zu versuchen, die übrig gebliebenen Privilegien zu schützen, die in einer pluralistischen Gesellschaft ungerecht und ein Hindernis für die Mission sind, kann die Kirche des Post-Christentums ihre Freiheit von der Bindung an Status, Wohlstand und Macht feiern. Daher begrüßt sie ihre pluralistische Umgebung als einen wesentlich heilsameren Kontext, in dem sie den Glauben mitteilen und sich für Frieden und Gerechtigkeit einsetzen kann.
- *Von der Kontrolle zum Zeugnis*: Eine Kirche, die weiß, dass sie den Verlauf der Geschichte, den Glauben oder das Verhalten der Menschen nicht länger kontrollieren kann, kann zu ihrer ursprünglichen Berufung zurückkehren, nämlich Zeugnis zu geben vom Evangelium. In der christlich dominierten Gesellschaft investierte die Kirche enorme Energien in die soziale und religiöse Kontrolle, in die Verfolgung Andersdenkender und die Aufbürdung ihres Willens auf die Armen und Machtlosen. Wenn sie anerkennt, dass diese Zeiten endgültig vorbei sind und wenn sie auf eine derartig repressive Politik verzichtet, kann die Kirche des Post-Christentums tatsächlich ihre ganze Energie darin investieren, das Evangelium so zu leben, dass sie wirklich eine gute Nachricht für die Armen ist. Und sie kann andere einladen, dem einen zu folgen, der zu einem solchen Lebensstil inspiriert.

Lernen und sondieren

Die beiden zentralen Überzeugungen, die wir in diesem Kapitel „ausgepackt" haben, verpflichten uns zu „lernen" und zu „sondieren". Wir behaupten sicher nicht, im Voraus zu wissen, wie das Post-Christentum genau aussehen wird, oder wie man auf die Herausforderungen, die es mit sich bringt, zu reagieren hat. Wir wollen aus der täuferischen

Bewegung lernen, genauso aber auch von der breiteren nonkonformistischen Tradition, zu der auch die Waldenser, die Lollarden, die Tschechischen Brüder, die Brüdergemeinde, die ersten Baptisten und andere zählen. Wir hoffen und erwarten, dass die Erfahrung jener, die die Struktur und Gestalt des Christentums zurückwiesen, lange bevor es zerfiel, uns inspirieren und leiten kann. Und wir wollen Wege suchen, die die Verquickungen der Vergangenheit, die unser Zeugnis kompromittiert haben, überwinden. Wir wollen entdecken, was es bedeutet, eine gute Nachricht für diejenigen zu sein, die an den Rändern unserer Gesellschaft leben.

Urban Expression ist ein Missionswerk mit täuferischen Werten. Sie haben es sich zur Aufgabe gemacht, neue Gemeinde in ärmeren Stadtteilen zu gründen. Dabei vermeiden sie es, dort Gemeindeformen von irgendwo einzuführen. Vielmehr suchen sie jeweils authentische Wege, wie das Evangelium in diesen unterschiedlichen Gemeinden verkörpert werden kann. Warum wird armen innerstädtischen Gemeinden Priorität eingeräumt? Weil gerade in diesen Gemeinden die Wirklichkeit des Post-Christentums am sichtbarsten wird. Darum sind die Erforschung dessen, was das Evangelium hier bedeutet, und das Lernen, wie Kirche hier aussieht, von strategischer Bedeutung. Wenn wir solche Gegenden nicht erfassen und in ihnen lernen, werden wir an anderer Stelle große Mühe mit der sich ausbreitenden nachchristlichen Kultur haben. Ein wesentlich gewichtigerer Grund ist einfach die Verpflichtung, die in unserer vierten Überzeugungen zum Ausdruck gebracht wird – „nach Wegen zu suchen, wie wir den Armen eine gute Nachricht sein können".

Urban Expression beschreibt ihre eigenen zentralen Überzeugungen, die in der täuferischen Tradition verwurzelt sind. Zwei davon lauten:

- Wir sind dazu verpflichtet, Gott an die Ränder und in die Lücken zu folgen, in der Erwartung, unter machtlosen Menschen und an Orten der Schwäche, Gottes Wirken zu finden.

- Wir sind verpflichtet zu bedingungslosem Einsatz, ganzheitlichem Dienst, mutiger Verkündigung, den Armen Priorität einzuräumen, und eine Stimme für die Sprachlosen zu sein.[19]

„Eine Stimme für die Sprachlosen" zu sein, steht auch bei *Speak20* im Zentrum, einer Organisation, die sich für soziale Gerechtigkeit einsetzt und betet. Die Gründungsvision dieser Gemeinschaft lautet, „den Mund für diejenigen aufzumachen, die nicht für sich selber sprechen können, für die Rechte aller, die Not leiden" (Spr 31,8).

Viele andere Organisationen und Gemeinden sind ebenfalls an ähnlichen und weitaus beeindruckenderen Initiativen beteiligt, wobei sie sich auf viele unterschiedliche theologische und geistliche Ressourcen beziehen. Die täuferische Tradition stellt nur eine dieser Quellen dar, und wir meinen nicht, es sei die einflussreichste, obwohl ihr Einfluss wächst und wir der Überzeugung sind, dass sie einen unverwechselbaren Beitrag zu leisten hat. Aber diese vierte Grundüberzeugung verpflichtet uns dazu, uns einer wachsenden Bewegung von Christen anzuschließen, die nach Wegen suchen, eine gute Nachricht für die Armen zu sein, wenn das Christentum auseinanderfällt.

Der Übergang vom Christentum zum Post-Christentum ist im Gange. Die entstehende Kultur ist noch dabei, ihre Gestalt zu finden. Wir glauben, dass „lernen" und „sondieren" angemessene Reaktionen und Verpflichtungen darstellen, auf dem Weg in diese veränderte Gesellschaft. Wir brauchen nicht alle Antworten schon parat zu haben. Aber die Hingabe an die Armen und Machtlosen sowie kontinuierliches Lernen und Sondieren, erinnern uns an das Ungeschütztsein, das in der Formulierung „*Nackter Glaube*" mitschwingt.

Dieses Ungeschütztsein wird im letzten Satz der vierten Grundüberzeugungen wesentlich drastischer zum Ausdruck gebracht. Für die ersten Täufer bedeutete Nachfolge immer kostspieliges Handeln und die Bedrohung durch Widerstand und Leiden. Im 16. Jahrhundert wurden Tausende hingerichtet, oft nach schrecklicher Folter. Noch viele mehr wurden inhaftiert, verbannt, ausgepeitscht, von ihren

---

19 Siehe www.urbanexpression.org.uk/convictions/commitments.

20 www.speak.org.uk

Familien getrennt und aus ihren Häusern und ihrem bescheidenen Besitz vertrieben. Leiden und Verfolgung stellten für sie keine Überraschung dar. Sie hatten in 2 Tim 3,12 gelesen: „Im Übrigen sind Verfolgungen etwas, womit alle rechnen müssen, die zu Jesus Christus gehören und entschlossen sind, so zu leben, dass Gott geehrt wird". Das akzeptierten sie als normal, zumal etliche andere Texte ihnen bestätigten, dass Leiden für echte Nachfolger Jesu wahrscheinlich sei. Die Art und Weise wie mit ihnen verfahren wurde, überzeugte sie von der antichristlichen Struktur und Gestalt des Christentums, und dass die sie verfolgende Staatskirche nicht wirklich christlich sein konnte.

Einen Hinweis auf Widerstand, Leiden und sogar Märtyrertum in diese Grundüberzeugung mit einzubeziehen, mag für westliche Christen befremdlich, sogar grotesk wirken. Bislang gibt es keine offensichtlichen Hinweise, von den liberal säkularen Gesellschaften, die sich ihrer Toleranz rühmen, so behandelt zu werden. Was müsste jemand im heutigen England tun, um verfolgt oder sogar wegen seiner Überzeugung umgebracht zu werden? Von Zeit zu Zeit beklagen sich Christen über Einschränkungen, die sie an ihrer Arbeitsstelle erfahren. Oder sie werden aufgefordert, bei irgendetwas mitzumachen, das ihren Überzeugungen widerspricht. In solchen Fällen sind aber der Widerstand und das Leiden so geringfügig, dass man das nicht als Verfolgung bezeichnen sollte. Und sehr oft ziehen Christen sich auch völlig unnötigen Widerstand zu, indem sie an den Privilegien des Christentums festhalten möchten. Damit will man eher den eigenen Interessen Vorschub leisten, als der Gerechtigkeit für alle nachzujagen. Und manchmal beweisen sie auch nur keinen Sinn für Humor und Ausgewogenheit. All das ist keine Verfolgung.

Aber die Christen des Westens sind Glieder einer weltweiten Kirche. Viele Glieder dieser Kirche erleiden in anderen Teilen der Welt Verfolgung aufgrund ihrer treuen Nachfolge und ihres Zeugnisses von Jesus Christus. Eine beträchtliche Anzahl von ihnen starb in den letzten Jahren um ihres Glaubens willen den Märtyrertod. Zumindest erinnert uns die Aufnahme dieses Satzes in unserer vierte Grundüberzeugung an unser Erbe und an unsere Solidarität mit der leidenden Kirche in der ganzen Welt.

Könnte das Post-Christentum für westliche Christen eventuell in Widerstand, Leiden und sogar Märtyrertum enden? Das ist nicht unwahrscheinlich. Spannungen zwischen verschiedenen Religionsgemeinschaften haben in England bereits zu ernsthaften Verfolgungen jener geführt, die konvertierten oder die dafür als verantwortlich betrachtet wurden. Säkularisten, frustriert von der Beharrlichkeit der Religion und dem Wiederaufleben der Spiritualität in Gesellschaften, von denen man annahm, sie würden aus dieser „Unmündigkeit" herauswachsen, werden in zunehmendem Maß streitlustiger. Am Horizont leuchten Bedrohungen für unseren Lebensstil des Überflusses auf. Würde der wirklich akut bedroht, könnten im Namen der Sicherheit ergriffene Maßnahmen tatsächlich die bürgerlichen Freiheiten all derer bedrohen, die den Status quo herausfordern oder ihm widerstehen. Wenn sich die Kirche des Post-Christentums mit den Armen, Machtlosen und Verfolgten identifiziert – die in Zeiten der Krise oft als Sündenböcke herhalten müssen – könnten sich Nachfolger Jesu dabei wiederfinden, gemeinsam mit ihnen zu leiden.

Also, wie interpretieren wir diesen beunruhigenden Vers in 2Timotheus: „Im Übrigen sind Verfolgungen etwas, womit alle rechnen müssen, die zu Jesus Christus gehören und entschlossen sind, so zu leben, dass Gott geehrt wird"? Statt zu fragen, ob Verfolgung in den Gesellschaften des Westens heute möglich ist, sollten wir uns vielleicht lieber fragen, warum wir nicht verfolgt werden. Befinden wir uns immer noch unter den schützenden Flügeln eines welkenden Christentums? Oder leben wir einfach nicht als treue Nachfolger und sind deshalb nicht der Verfolgung würdig? Das könnte eine Frage sein, die uns die ersten Täufer stellen könnten, um uns zum Nachdenken zu bringen.

KAPITEL 4

Gemeinschaft und Nachfolge

Der Niedergang des Christentums und das allmähliche Auftauchen einer Kultur, die wir hier jetzt nur als „Post-Christentum“ bezeichnen können, werfen für die Kirche in den westlichen Gesellschaften viele Fragen auf. Wir haben bereits über einige nachgedacht. Mit wem identifizieren sich die Kirchen vor allem, wem gegenüber bringen sie ihre Solidarität zum Ausdruck? Wie können wir uns aus unserer langen Verbindung mit Status, Reichtum und Macht zurückziehen? Welche neuen Möglichkeiten bietet das Post-Christentum? Wie reagieren wir auf die Herausforderung, missionale Gemeinden zu werden, die die Fähigkeiten besitzen, in einer neu entstehenden Kultur zu gedeihen?

Die fünfte Grundüberzeugung lädt uns dazu ein, sich eingehender mit dem Wesen und der Dynamik einer christlichen Gemeinschaft zu beschäftigen. Welche Art von Kirchen und Gemeinden sind in der Lage, kreativ und mutig auf diese sich verändernde Umwelt zu reagieren? Wenn das Erbe des Christentums in vielen Bereichen im besten Fall ambivalent und zutiefst problematisch ist, kann dann die täuferische Tradition frische, neue Perspektiven anbieten?

Die fünfte Grundüberzeugung:

Gemeinden sind dazu berufen, verbindliche Gemeinschaften der Nachfolge und Mission zu sein, Orte der Freundschaft, der gegenseitigen Verantwortlichkeit und eines vielstimmigen Gottesdienstes. Wir teilen Brot und Wein miteinander und stärken unsere Hoffnung, indem

> wir uns gemeinsam auf Gottes Herrschaft ausrichten. Hier werden Junge und Alte wertgeschätzt, Leiterschaft wird in beratender Haltung ausgeübt, Dienste werden geschlechtsunabhängig und gabenorientiert wahrgenommen, und es wird die Glaubenstaufe praktiziert. Solche Gemeinden wollen wir fördern und entwickeln.

Es überrascht nicht, dass in einer Zeit des gesellschaftlichen Umbruchs und der Unsicherheit (wobei der Übergang vom Christentum zum Post-Christentum dabei nur einen Aspekt bildet), Christen in den westlichen Gesellschaften sich damit auseinandersetzen, was es heißt, heute Kirche zu sein. Viele Leser werden Bezeichnungen wie „Emergent Church" „new way of being church", oder „fresh expressions" kennen. Manche sind vielleicht an diesen kirchlichen Experimenten beteiligt; andere beobachten sie mit Interesse, Hoffnung oder Sorge. Einige dieser Gemeinden sagen ganz deutlich, was ihrer Überzeugung nach Kirche sein sollte; andere sind noch auf ihren Entdeckungsreisen, noch unsicher, was aus ihnen werden wird. Für manche ist die Motivation die Mission, vor allem innerhalb bislang vernachlässigter Netzwerke und Nachbarschaften; andere sehnen sich nach authentischen Ausdrucksformen des Gottesdienstes und der Gemeinschaft, und dienen Christen, die ihre Schwierigkeiten mit den angestammten Formen von Kirche haben.[21] Und wieder andere antworten auf die Frage, „Was heißt es, Kirche zu sein?", indem sie die zentrale Rolle der gemeindlichen Versammlungen, die charakteristisch für die Kirchen des Christentums waren, in Zweifel ziehen. Für manche heißt das, das komplexe kirchliche Leben zurückzufahren, um die „einfache Gemeinde" wiederzuentdecken. Das geschieht, indem sie in einer Zeit, in der immer weniger Ressourcen zur Verfügung stehen, um schwerfällige Institutionen zu aufrecht zu erhalten, tragfähige und nachahmenswerte Ausdrucksformen christlicher Gemeinschaft entwickeln. Andere argumentieren, dass selbst die einfachen Gemein-

[21] Vgl. auch www.freshexpressions.org.uk; www.emergingchurch.info; Stuart Murray, *Church after Christendom* (Milton Keynes: Paternoster, 2005); Michael Moynagh, *emergingchurch.intro* (Oxford: Monarch, 2004); Michael Frost & Alan Hirsch, *Die Zukunft gestalten – Innovation und Evangelisation in der Kirche des 21. Jahrhunderts* (Asslar: Gerth Medien, 2008) und viele andere Quellen.

den immer noch untrennbar mit Versammlungen verbunden sind, und plädieren für fließende Formen der Gemeinschaft oder „Kirche jenseits der Versammlung" („church beyond congregation"). Andere meinen dagegen, dass es mehr statt weniger verbindliche Formen von Gemeinschaft brauchen wird angesichts einer Kultur, die der Nachfolge weniger Unterstützung bietet. Sie schlagen neue Ausdrucksformen des Mönchtums vor.[22]

Die Mehrzahl der Christen jedoch nimmt weiterhin, freudig oder widerstrebend, an den Ausdrucksformen von Kirche teil, die man aus der Zeit des konstantinischen Christentums übernommen hat. Und tatsächlich, die größten und dynamischsten Kirchen sind vom Stil her traditionell, konservativ in ihrer Lehre, pflegen einen autokratischen oder von Führungskräften geprägten Leitungsstil, sind patriarchalisch und institutionell aufgebaut. Viele dieser Kirchen blicken geringschätzig auf die zerbrechlichen Gemeinschaften neben ihnen. Sie sehen keine Veranlassung, das Ende des Christentums zur Kenntnis zu nehmen, oder sich bloß pragmatisch auf eine sich verändernde Kultur einzurichten. Und manche Kathedralen in ganz England, die eindrucksvollste Überbleibsel der verflossenen Pracht des Christentums sind, berichten über steigende Besucherzahlen.

Es wird noch einige Zeit dauern, bis wir beurteilen können, ob die gegenwärtige Welle neuer, frischer Ausdrucksformen von Kirche, sich zu tragfähigen und missional starken Gemeinschaftsformen entwickeln wird. Und es wird einige Zeit vergehen, ehe wir wissen, ob die augenscheinlich erfolgreichen etablierten Kirchen die letzte Generation bedienen, für die das Christentum ihr natürlicher Lebensraum darstellt. Es bleibt abzuwarten, ob sie einen Zufluchtsort darstellen für diejenigen, die sich nach Sicherheit und Stabilität in einer unruhigen Zeit sehnen, oder ob sich diese Gemeinschaften auf eine Art und Weise entwickeln können, die es ihnen ermöglicht, auf breitere Bevölkerungsschichten einer nachchristlichen Gesellschaft zuzugehen. Eine Zeit des Übergangs erfordert die Bereitschaft zum Provisorischen und zum Großmut, und weniger zum Dogmatismus und zum Wettbewerb.

[22] Zu diesen unterschiedlichen Vorschlägen vgl. auch www.simplechurch.co.uk; James Thwaites, *The Church beyond the Congregation* (Carlisle: Paternoster, 1999); Pete Ward, *Liquid Church* (Peabody: Hendrickson/Carlisle: Paternoster, 2002); and www.newmonasticism.org.

Darüber hinaus ist das Post-Christentum wahrscheinlich zu vielgestaltig, als dass nur eine Ausdrucksform von Kirche geeignet wäre. Etablierte Kirche und neue Gemeindeformen müssten wahrscheinlich in einem neuen missionalen Ökumenismus aufeinander zugehen, wenn wir entdecken wollen, was es heißt, Kirche in nachchristlichen Zeiten zu sein.

Täufertum: eine „emerging church"-Bewegung

Welchen Beitrag könnte die täuferische Tradition für diese missionale Ökumene und die Suche nach Wegen, „Kirche in nachchristlichen Zeiten" zu sein, leisten? Wie könnte sie Wege fördern, die kontextuell sensibel und in Übereinstimmung mit biblischen Werten und Praktiken sind?

Das frühe Täufertum war eine „emerging church"-Bewegung. Trotz ihres anderen Kontextes findet es in der gegenwärtigen Szene eine bedeutsame Resonanz. Wenn Sie mit Kennzeichen der Emergent Church Bewegung und neuen Gemeindeformen vertraut sind, vergleichen Sie diese einmal mit folgenden Merkmalen:

- Die täuferischen Gemeinden entstanden in einer Zeit sozialer, politischer, ökonomischer, kultureller und religiöser Umbrüche, in der die Fragen der Autorität und Authentizität auf der Tagesordnung standen.
- Das Täufertum war keine einheitliche Bewegung, sondern entstand aus zahllosen Experimenten heraus und an ganz unterschiedlichen Orten, als Pioniere nach und nach andere mit ganz ähnlichen Leidenschaften entdeckten.
- Täuferische Gemeinden entwickelten sich in ganz unterschiedliche Richtungen und manchmal befanden sie sich auch in großem Widerspruch zu den Entscheidungen und Praktiken anderer Gemeinden.
- Täufer nutzten neu aufkommende Technologien (den Druck anstatt das Internet), um ihre Ideen zu verbreiten und in Kontakt mit anderen zu treten.

- Viele Mitglieder der Täufergemeinden waren durch ihre Erfahrungen in den etablierten Kirchen und durch deren Versagen die Gesellschaft zu transformieren, desillusioniert.
- Täuferische Gemeinden begrüßten Möglichkeiten, alternative Modelle und Formen des Gemeindelebens zu entwickeln, befreit von kirchlichen Beschränkungen.
- Viele täuferische Gemeinden lehnten die kirchliche „Zelebrierungsmentalität“ ab und ermutigten zu einem vielstimmigen Gemeindeleben.
- Einige Zeitgenossen bezeichneten die Täufer als „die neuen Mönche“, weil sie so viel Wert auf die Nachfolge und eine verantwortliche Gemeinschaft legten.
- Die Täuferbewegung war im Kern eine missionarische Bewegung, die sich nicht nur Gedanken über neue Wege des Kircheseins machte, sondern auch über persönliche und soziale Transformation.
- Täuferische Gemeinden boten Alternativen zur dominierenden Ausdrucksform von Kirche im Christentum.

Manche der Gemeinden der Emerging Church Szene heute erkennen die Anknüpfungspunkte und greifen auf die Täuferbewegung zurück, um Inspiration und Anleitung zu erhalten. Einige ihrer Kommentatoren haben Gemeinsamkeiten bemerkt, die vielleicht weitere Pioniere ermutigen dürften, sich mit dieser Bewegung intensiver zu beschäftigen. Das Täufertum ist ein natürlicher und anregender Gesprächspartner für Gemeinden der Emergent Church Bewegung. Dies wird vielleicht noch deutlicher werden, wenn diese Gemeinden ihren Kontext ebenso als „Post-Christentum“ wie auch als postmodern verstehen und interpretieren.

Eine Emergent Church Gemeinde mit ausgesprochen täuferischen Werten ist Peace-Church in Birmingham. Joe und Sara Baker, die Moderatoren dieser Gemeinde, sind sowohl mit dem *Workshop*-Kurs und mit *Urban Expression* verbunden, wie auch mit dem *Anabaptist Network*. Auf der Website der Gemeinde wird erläutert, wie Sichtweisen der Täufer die Gemeinde geprägt haben. Andere Peace-Church-Gruppen entstehen in Bristol, Coventry und an anderen Orten. Welche Art von Gemeinde entsteht, wenn Frieden (oder Schalom) der Grundwert ist?

Auf einer Konferenz, die vom *Anabaptist Network* (in Partnerschaft mit der *Northumbria Community)* im Mai 2008 veranstaltet wurde, lautete das Thema „New Habits for a New Era" („Neue Gewohnheiten für eine neue Ära"). Man beschäftigte sich damit wie man von der monastischen Tradition und der Wiederaufnahme ihrer Quellen lernen könnte, um sie in einem neuen kulturellen Kontext fruchtbar zu machen. Eingeführt durch den Beitrag eines franziskanischen Mönches und die Mitglieder der *Northumbria Community*, die an keltische und andere Ausdrucksformen des Mönchtums anknüpft, war dies ein stimulierender Tag der gegenseitigen Befruchtung und des gemeinsamen Lernens.

Zumindest kann die Täuferbewegung Gemeinden der Emerging Church Szene mit der Feststellung ermutigen, dass sie nicht die ersten sind, die Fragen stellen oder Freiräume brauchen, um neuen Wegen von Kirchesein auf die Spur kommen. Doch zwei weitere Perspektiven bieten sich auch noch an.

Zum einen finden wir hier eine Tradition, die sich an den Rändern des Christentums, in ernsthafter Opposition zu manchen Überzeugungen, Strukturen, Prioritäten und Praktiken der Kirchen des Christentums, entwickelte. Insofern finden diejenigen hier einen ungewöhnlichen Bezugspunkt, die nach Wegen suchen, um Kirche in einer nachchristlichen Gesellschaft zu sein. Sich heute Werte zu eigen zu machen oder Handlungsweisen weiter zu entwickeln, für die die Täufer den Weg bereitet haben, bedeutet nicht, dass diese von vornherein gültig sind. Sie könnten jedoch diejenigen beruhigen, die die Emerging Church Bewegung verdächtigen, übermäßig von der postmodernen Kultur beeinflusst zu sein.

Zweitens kümmerten sich die ersten Täufer weniger darum, ob sie ihrer Kultur entsprachen als vielmehr darum, ungeachtet der sozialen Konsequenzen vernachlässigte biblische Praktiken zurück zu gewinnen. Für die eine oder andere Emerging Church Gemeinde wäre es heilsam, wenn sie auf diesem Hintergrund ihre Neigung erkennen würde, kultur*relevante* Ausdrucksformen des Christseins über die kultur*kritische* Funktion des Christseins zu stellen.

Da wir gerade dabei sind, die fünfte Grundüberzeugung durchzuarbeiten, lohnt es sich anzumerken, dass auch konventionelle Gemeinden aus verschiedenen kirchlichen Traditionen vom Täufertum lernen. Da sich das Christentum auflöst, wird vielen dieser Gemeinden klar, dass sie sich wieder ganz neu überlegen müssen, was es heißt, Kirche zu sein. Wenn sie sich auf die Herausforderung einlassen, könnte man ihren Weg eher als „aufbauende Gemeinde“ (evolving)“ statt „aufkommende Gemeinden“ (emerging)“ bezeichnen. Es sind hierbei ganz unterschiedliche Dynamiken im Spiel. Aber sie behandeln zumeist eine große Anzahl gleicher Themen und gehen oft den gleichen Möglichkeiten nach. Es ist daher von wesentlicher Bedeutung, dass konventionelle und neu aufkommende Gemeinden voneinander lernen, während sich die nachchristliche Gesellschaft weiter entfaltet. Vielleicht können uns die gemeinsamen Interessen an der täuferischen Bewegung dabei helfen, miteinander ins Gespräch zu kommen.

Gemeinschaften der Nachfolge und Mission

Täufer stehen mit ihrem Verständnis von der Kirche als einer „verbindlichen Gemeinschaft der Nachfolge und Mission“, oder zumindest in dem Streben danach, nicht allein da. So wie bei vielen Aspekten dieser Grundüberzeugungen kommt hier das zum Ausdruck, was zahllose Christen durch die Jahrhunderte und aus vielen Traditionen geglaubt und ersehnt haben. Aber der Beitrag der Täuferbewegung zu dieser jetzt weiter verbreiteten Ansicht wird oft unterschätzt. Heute mag es nicht besonders bemerkenswert sein, zu behaupten, dass Nachfolge und Mission Schlüsselelemente des kirchlichen Lebens sind, aber die Täufer wurden verspottet und verfolgt, weil sie genau das zu behaupten wagten.

In der Ära des konstantinischen Christentums war der Begriff „Kirchgang“ eine akkurate Beschreibung der Art und Weise, wie sich die meisten Menschen beteiligten. Kirche, das war ein heiliges Gebäude, das sie regelmäßig oder von Zeit zu Zeit besuchten. Kirche, das war ein von Profis organisiertes Ereignis, bei dem sie in der Hauptsache passive Beobachter waren. Kirche, das war eine Institution, zu der sie seit ihrer frühesten Kindheit gehörten, und an die sie sich im

Bedarfsfall wenden konnten, wenn für bestimmte Lebensereignisse bestimmte Dienste notwendig waren. Kirchenzugehörigkeit und Zugehörigkeit zur Bürgerschaft waren eng aufeinander bezogen. „Zur Kirche gehen", war eine der vielen Aktivitäten, die man gemeinsam mit seinen Nachbarn unternahm.

Nur wenige Kirchgänger in dieser Zeit verstanden sich als Teilhaber an der Mission Gottes, oder sahen in der Kirche eine missionale Gemeinschaft. Von Mission sprach man gewöhnlich nicht. „Mission" war tatsächlich vor allem ein theologischer Fachbegriff, der die Sendung des Sohnes durch den Vater beschrieb, und weniger eine Aufgabe, an der sich Kirchgänger beteiligen konnten. Es bestand keine sichtbare Notwendigkeit für eine Mission innerhalb des Christentums, denn nahezu alle waren ja schon Christen. Und die Gesellschaft, obwohl weit davon entfernt, perfekt zu sein, stand unter der Herrschaft Christi, die durch die Leiter von Kirche und Staat vermittelt wurde. Natürlich war Mission außerhalb der Grenzen des Christentums notwendig, aber das lag in der Verantwortung des Staates und darauf spezialisierter Einrichtungen.

Eine sehr problematische Hinterlassenschaft des Christentums ist die Trennung zwischen „Mission" und „Gemeinschaft". Nur teilweise erfolgreich waren kontinuierliche Versuche vieler Denominationen und örtlicher Gemeinden, diese entfremdeten Partner wieder zu vereinen, in dem man von „missionarischen Gemeinden", „mission-shaped-church", „missionaler Gemeinde" sprach oder andere ähnliche Formulierungen benutzte. Die Trennung zwischen Mission und Gemeinde ist tief verwurzelt, institutionell etabliert und widerstandsfähig gegenüber Veränderung. Für viele Kirchenmitglieder ist die Mission eine Aufgabe für Spezialisten und hauptsächlich an anderen Orten notwendig.

Manche Verfechter von Kirchen als „missionarischen Gemeinschaften" verweisen auf die ersten Täufer als ein Beispiel dafür, was sie damit meinen. Wie die Mehrheit ihrer Zeitgenossen hatten Täufer nur wenig Ahnung von (und kaum Interesse an) der Welt jenseits des Christentums. Aber anders als die meisten ihrer Zeitgenossen betrachteten sie Europa als ein Missionsfeld. Das Christentum, so sagten sie, war nicht wirklich christlich. Es galt, ihre Freunde und Nachbarn zur

Umkehr zu bewegen. Ihre Gesellschaft musste durch das Evangelium umgeformt werden. Es gibt zahlreiche Geschichten über ungebildete, aber leidenschaftliche Evangelisten, die ihren Glauben mit der Familie, Freunden und Nachbarn teilen; Gemeindemitglieder, die zu zweit ausgesandt werden, gründen neue Gemeinden und reisende Händler predigen das Evangelium, während sie ihre Waren von Stadt zu Stadt verkauften.

Hans Nadler verkaufte Nadeln. Auf seinen Reisen durch Europa suchte er mit vielen Menschen das Gespräch. Eine Aussage vor Gericht gibt wieder: „Immer, wenn er gutherzige Menschen in den Wirtshäusern und auf den Straßen traf, … lehrte er sie aus dem Wort Gottes und erklärte, wie seine Zuhörer ‚neu geboren' werden konnten". Nadler war ungebildet, aber er entwickelte einen Zugang, der auf einer zeilenweisen Erläuterung des Vaterunsers und des Apostolischen Glaubensbekenntnisses beruhte. Und das konnte praktisch von jedem verstanden werden, egal ob gebildet oder ungebildet.

Der Missionsbefehl (Mt 28,18-20), der in den kommenden Jahrhunderten die weltweite Mission anregen sollte, wurde im 16. Jahrhundert von Täufern als ein biblisches Gebot aufgefasst, nicht nur, um Glaubende (statt kleiner Kinder) zu taufen, sondern auch für ihre missionarischen Bemühungen.

Die Missionsbegeisterung der ersten Generation hielt nicht bei allen an. Die Wirkung der anhaltenden Verfolgung führte, neben anderen Faktoren, in vielen Gemeinden in der zweiten Hälfte des 16. Jahrhunderts zu der Übereinkunft, im Blick auf ihren Glauben zu schweigen und sich auf ein gläubiges Leben zu konzentrieren, statt auf ein mutiges Zeugnis. Dieses Erbe hält weiterhin viele ihrer direkten Nachfolger von der öffentlichen Evangelisation ab, auch wenn andere Aspekte der Mission – nicht zuletzt Hilfseinsätze und viele Formen des sozialen Handelns – gediehen. Das Ringen darum, die Identität einer „missionalen Kirche" unter den heutigen täuferischen Gemeinden wiederherzustellen, geht weiter.

Den meisten Kirchgängern der christlich-konstantinischen Zeit war weder der Begriff „missionarisch" als Selbstbezeichnung geläufig noch der Begriff „Nachfolger" – erst recht, wenn damit gemeint gewesen wäre, dass es um mehr ginge als in die Kirche zu gehen und soziale und gesellschaftliche Normen einzuhalten. Höhere Standards, was das ethische Verhalten und geistliche Anstrengungen betraf, wurden vom Klerus und den mönchischen Gemeinschaften erwartet, auch wenn diese leider nicht immer erkennbar waren. Nachfolge jedenfalls war nichts für den „gewöhnlichen“ Christen.

Wie andere frühe Reformbewegungen protestierten die Täufer gegen diesen Zustand. Enttäuscht vom Versagen der Reformation, eine erkennbare Verhaltensänderung in der Kirche und der Gesellschaft anzustoßen, begannen sie neue Gemeinden zu gründen, in denen Verbindlichkeit und Nachfolge erwartet wurden. Die Reformatoren schafften zwar die zweistufige Struktur und Gestalt des Christentums (Klerus und Laien) ab, indem sie die mönchischen Gemeinschaften auflösten. Sie versagten jedoch – so die Täufer – darin, christliche Nachfolge zu lehren und zu praktizieren. Ihr Ansatz bestand darin, das zweistufige System aufzulösen, indem sie alle Anhänger Jesu dazu aufriefen, Nachfolger zu sein. Das war übrigens einer der Gründe, warum Luther die Täufer als „neue Mönche“ bezeichnete.

Wesentliche theologische Unterschiede lagen den Unstimmigkeiten zwischen den Täufern und den Reformatoren zugrunde. Sie betrafen das Wesen der Kirche und die Erwartung an die Nachfolge.

- Die Reformatoren verstanden „Gnade“ als Rechtfertigung des Sünders durch das Werk Christi; die Täufer interpretierten „Gnade“ als die verändernde Kraft Gottes in denjenigen, die gerechtfertigt waren.
- Die Reformatoren waren darum bemüht, jeglichen Verdacht einer „Errettung durch Werke“ zu vermeiden, und Gottes souveränes Handeln in der Erlösung hervorzuheben; die Täufer verwarfen die Lehre der Prädestination und das, was sie als „Glaube ohne Werke“ in den anderen reformatorischen Kirchen wahrnahmen.
- Die Reformatoren behielten das territoriale Verständnis von Kirche bei, das sie vom konstantinischen Christentum übernahmen, ebenso auch das Verständnis einer Kirche, in der gläubige und ungläubige „Christen” zusammenkommen (cor-

pus mixtum); die Täufer gründeten Gemeinden mit denen, die sich verpflichteten, als Nachfolger Jesu zu leben.

Die täuferische Bewegung im 16. Jahrhundert entwickelte als erste „eine erfrischend andere Art, Kirche zu sein". Es war der Beginn der „Freikirchen"-Bewegung, die sich in vielfältige Netzwerke und Denominationen aufgeteilt hat. Sie ist jedoch vereint durch ihre Überzeugung von der Mitgliedschaft aus freier Entscheidung und nicht durch Geburt, und dass *alle* Gemeindemitglieder dazu berufen sind, Nachfolger Jesu zu sein. Dieses Gemeindemodell wird heute als selbstverständlich hingenommen, aber es entstand aus großem Leiden und mutigem Widerstand heraus.

Wir haben uns „dazu verpflichtet, solche Gemeinden zu stärken und zu entwickeln": Gemeinden, in denen *beides* – Nachfolge *und* Mission – als zentrale Verpflichtungen verstanden werden. Gemeinden jeglicher Art, darauf wurde in Kapitel 2 hingewiesen, ringen mit dem Verhältnis zwischen „Zugehörigkeit", „Glauben" und „Lebensführung" (belonging-believing-behaving). In einer postmodernen Kultur des Misstrauens und einem Post-Christentum, in dem die christliche Geschichte nicht mehr geläufig ist, benötigen viele Menschen heute mehr Zeit, um sich dafür zu entscheiden, Nachfolger Jesu zu werden. Sich mit Gemeinschaften auf den Weg zu machen, die offen und einladend sind, die sie nicht drängen, auf eine bestimmte Art und Weise zu glauben oder sich zu verhalten, ist für viele, die sich mit dem christlichen Glauben beschäftigen, von entscheidender Bedeutung.

Das galt auch für Bernard. Seine Frau gehörte zur *Wood Green Mennonitengemeinde.* Bernard glaubte allerdings nicht. Er war Jude und Agnostiker. Aber über die Jahre beobachtete er und hörte zu, schloss Freundschaften in der Gemeinde, nahm an verschiedenen Gemeindeaktivitäten teil und kam regelmäßiger als manche der Gemeindemitglieder. Die Gemeinde nahm ihn freundlich auf und wartete geduldig. Er nahm ihre Werte auf und teilte seine Sorgen, Gebetsanliegen und schließlich auch Gebete mit ihnen. Eines Tages nannte er Gott „Vater". Kurz bevor er starb, achtzehn Jahre, nachdem er zum ersten Mal in die Gemeinde gekommen war, empfing er als Glaubender die Taufe.

Ein Verständnis von Jüngerschaft („discipleship") als „nachfolgen" („following") unterstützte diesen schrittweisen und barmherzigen Zugang. Aber wir achten auch genau darauf, dass „Zugehörigkeit", „Glauben" und „Lebensführung" nicht voneinander getrennt werden. Die Sorge besteht, dass ein solcher Ansatz zu Gemeinden führen könnte, in denen die Nachfolge zur unverbindlichen Option verkommen würde.

Für viele Leiter in Gemeinden war erhellend, wie der mennonitische Anthropologe Paul Hiebert unterschiedliche Formen der Gemeinschaft beschrieben hat. Er charakterisiert sie als „abgrenzende (bounded set)", „verschwommene (fuzzy set)", „offene (open set)" und „zentrierte (centred set)" Kreise. Historisch gesehen standen die Täufer wie die meisten nonkonformistischen Traditionen für den Ansatz des „bounded set", indem sie auf Grund von Glauben und Verhalten feste Grenzen kannten und so zwischen Insidern und Außenstehenden unterschieden. Heute finden viele allerdings, dass der „centred set"-Ansatz stärker mit ihren Überzeugungen übereinstimmt. Dieser Ansatz hat weniger die Unterscheidung von Insider und Außenstehendem im Blick, sondern eher die Richtung, in der die Menschen unterwegs sind. Es gibt ein fest umrissenes Zentrum und starke Grundüberzeugungen, die die Gemeinschaft definieren, aber dies ermöglicht auch offene Grenzen. Für Gemeinschaften, die sich *beidem*, der Mission *und* der Nachfolge verpflichtet wissen, ist die Auffassung vom „centred set" sehr hilfreich.

Freundschaft und gegenseitige Verantwortlichkeit

Von ihren Zeitgenossen wurden Täufer beschuldigt, die Nachfolge mit Gesetzlichkeit und Perfektionismus zu verwechseln. Wie bei anderen Bewegungen, die vor ihnen und auch nach ihnen auf die Nachfolge ausgerichtet waren, wurde ihre Suche nach der „reinen Kirche" als unrealistisch und arrogant abgelehnt. Zweifellos machten sich Täufer zeitweise all dieser Anklagen schuldig – Arroganz, Perfektionismus, Gesetzlichkeit und unrealistische Erwartungen. Aber in dem ihre Kritiker häufig den Begriff „reine Kirche" gebrauchten, um deren Herzenswünsche schlechtzumachen, offenbarten sie sicherlich genauso viel über ihre eigenen geringen Erwartungen an Kirche. Es gibt eine klare biblische Grundlage für das Suchen nach einer reinen Kirche und der Bildung von Gemeinschaften von Nachfolgern, die ein profiliertes und anziehendes Leben führen (vgl. 2 Kor 11,2-3; Phil 2,15; Offb 19,7-8).

Die ersten Christen luden häufig Fragende und Gegner ein, um ihre Art und Weise als Einzelne und als Gemeinschaft zu leben, kennenzulernen und zu prüfen. Damit boten sie sich als lebendigen Beweis für die Wahrheit ihrer Überzeugungen und der Gegenwart Gottes unter ihnen an. Aus den ersten drei Jahrhunderten existieren viele zähneknirschend abgefasste Berichte über die außerordentliche Lebensführung der Christen. Das änderte sich in der Zeit des konstantinischen Christentums. Die Mitglieder der Kirche waren als Christen immer weniger erkennbar und ihr Leben zog andere nicht mehr an, um Nachfolger Jesu zu werden. Für eine niedrigere Stufe der Nachfolge und „durchmischte“ Gemeinden wurden theologische Rechtfertigungen gefunden – nicht zuletzt eine Auslegung des Gleichnisses vom Unkraut unter dem Weizen (Mt 13,23–30.46–43). Das verstand man so, dass das Unkraut ungehindert in der Kirche wachsen dürfe bis zur Vollendung der Zeit. Es ist eine fortwährend wiederholte Auslegung. Viele entdecken dann aber zu ihrer Überraschung, dass dieses Gleichnis (eines der wenigen, das Jesus selber auslegt) in dem Feld, auf dem das Unkraut wächst, ausdrücklich die Welt und *nicht* die Kirche sieht. Diese Unterscheidung war vielleicht in einer christlich-konstantinischen Gesellschaft, in der es real kaum einen Unterschied zwischen Kirche und Welt gab, überflüssig. Aber die verschiedenen aufeinander folgenden Bewegungen Andersdenkender bestanden darauf, dass dieses Gleichnis keine gemischte Gemeinde legitimierte. Sie glaubten, dass eine reine Kirche, wenn nicht sogar eine perfekte Kirche, erstrebenswert und erreichbar war.

Die Unterscheidung zwischen einer reinen Kirche und einer perfekten Kirche ist von entscheidender Bedeutung. Es gab Christen und Bewegungen, die den Perfektionismus verfochten, entweder als erreichbar oder als bereits erreicht. Doch in der Suche nach einer reinen Kirche geht es nicht um Perfektionismus. Viele Kritiker scheinen nicht bereit oder nicht in der Lage zu sein, diese Unterscheidung wahrzunehmen. Die täuferische Praxis einer gegenseitigen Verantwortlichkeit dient ihnen oft als Beweis für den Perfektionismus. Diese Praxis zielt aber genau in die entgegengesetzte Richtung.

Unterschiedliche Begriffe und Formulierungen werden benutzt, um die Praxis der gegenseitigen Verantwortlichkeit zu beschreiben. Manche sind gefälliger als andere. Es sind Begriffe wie Ermahnung, Kirchenzucht, Bann, die Regel Christi und gegenseitige Seelsorge. Täufer sahen in der gegenseitigen Verantwortlichkeit ein drittes Kennzeichen der wahren Kirche neben den beiden anderen reformatorisch anerkannten Merkmalen (reine Predigt des Evangeliums und rechter Gebrauch der Sakramente). Sie begründeten ihre Verpflichtung zu dieser Praxis vor allem mit der Anweisung Jesu in Matthäus 18,15-17. Das Fehlen dieser gegenseitigen Verantwortlichkeit, so argumentierten sie, verhindere, dass die Kirchen der Reformatoren Nachfolge-Gemeinschaften sein könnten – gesunde Lehre allein reiche dafür nicht aus.

In täuferischer Tradition ist die gegenseitige Verantwortlichkeit eine Hilfe im Blick auf angehende Nachfolger, für das Erkennen menschlicher Schwachheit und für unseren Bedarf an Unterstützung und Korrektur. Die ersten Täufer verpflichteten sich zu diesem Weg, wenn sie getauft wurden, und begrüßten die Hilfe der Brüder und Schwestern in ihrem Bemühen, Jesus nachzufolgen. Ohne perfektionistische Tendenzen gut heißen zu wollen, gehört diese Praxis doch in eine Gemeinschaft, die sich nach Reinheit sehnt und die sich ihrer Unvollkommenheit, den Kompromissen und der Untreue nur allzu bewusst ist.

Es gibt viele Gründe, warum die gegenseitige Verantwortlichkeit heute nicht praktiziert wird. Individualismus und eine privatisierte Ethik, gekoppelt mit einer schwammigen und unkritischen Vorstellung von Toleranz, lassen sie als unangenehm erscheinen. Gemeinden sind nur wenig darin geübt, diese biblische Lehre gut und wohlwollend zu praktizieren. Sind sie dann gelegentlich aufgrund von Notlagen zum Handeln gezwungen, handhaben sie diese Leitlinien lieblos und richten damit weiteren Schaden an. Das wiederum diskreditiert diese Praxis und bringt andere dazu, davor zurückzuscheuen. Und die Hinterlassenschaft des Christentums in diesem Bereich ist beunruhigend.

Wenn Kirchendisziplin ausgeübt wurde, dann war sie häufig bestrafend und manchmal auch tödlich.

Aber die gegenseitige Verantwortlichkeit wurzelt nicht nur in der eindeutigen Lehre Jesu, wie sie bei Matthäus wiedergegeben wird. Sie ist in der Tat die einzige Stelle in den Evangelien, wo der Begriff „Gemeinde/Kirche“ in Verbindung mit praktischen Instruktionen für das gemeinschaftliche Leben verwendet wird. Doch das Motiv der gegenseitigen Verantwortlichkeit findet sich auch sonst als Lehre im Neuen Testament. Die nonkonformistische Tradition bietet hier ein weiteres Mal einen alternativen Zugang zu einem Thema, das durch die christlich-konstantinische Struktur und Gestalt der Kirche verfälscht wurde. Täufer praktizierten zwar nicht immer und überall gegenseitige Verantwortlichkeit auf eine weise und wohlwollende Art – aber immerhin richteten sie diejenigen nicht hin, die aus der Reihe tanzten.

Aufgrund des Missbrauchs sind Täufer heute zu Recht zurückhaltend an diesem Punkt. Dennoch wollen wir Gemeinden fördern und entwickeln, in denen die gegenseitige Verantwortlichkeit verstanden, praktiziert und wertgeschätzt wird. Gegenseitige Verantwortlichkeit ist ein Gegengift gegen Klatsch und Verleumdung, ein Schutz vor Kleinkriegen und Spaltungen, und eine Quelle des geistlichen Wachstums. In unserem Kampf gegen das Versagen sind wir nicht auf uns allein angewiesen. Wenn Beziehungen zerbrechen, gibt es einen Weg zur Heilung und Wiederherstellung. Unvollkommene Nachfolger und unvollkommene Gemeinden brauchen diese Praxis.

Eine von täuferischen Werten und Praktiken stark beeinflusste Gemeinde im Nordwesten Englands platzierte an der Wand ihres Versammlungsortes den Text aus Matthäus 18,5-17. Sichtbar daneben hängten sie ihr Bekenntnis, dass dies der Weg sei, wie sie als Gemeinschaft mit spannungsgeladenen Beziehungen umgehen wollen. Wie prägt das eine Gemeinde, die bei jedem Treffen dieses öffentliche Bekenntnis vor Augen hat?

Ehrliche Beziehungen bilden die Basis für echte Freundschaft. Daran werden wir erinnert, wenn wir die gegenseitige Verantwortlichkeit mit der Freundschaft verknüpfen, wie es die fünfte Grundüberzeugung tut. Gegenseitige Verantwortlichkeit funktioniert nur in einem Umfeld des Vertrauens. Die Wahrheit in Liebe zu sagen (vgl. Eph 4,15), setzt eine wesentlich intensivere Beteiligung voraus, als es viele Gemeinden erwarten oder erfahren. Paradoxerweise oder auch notwendigerweise, sehnen sich viele Menschen in einer individualistischen Kultur gerade nach solchen Beziehungen. Viele verlassen ihre Kirchen/Gemeinden, weil die „Gemeinschaft“, die dort angeboten wird, fade oder institutionell ist, und sehr weit entfernt von Freundschaft.

Manche wurden von der täuferischen Tradition angezogen, weil dort Gemeinschaft, Gastfreundlichkeit und Freundschaft so groß geschrieben werden. Nicht zufällig verbinden viele Menschen die täuferische Bewegung mit offenen Häusern und gemeinsamen Mahlzeiten. Diese Grundüberzeugung steht einer Gemeinde vor Augen, in der zusammen gegessen wird. Das tun auch viele unserer Gemeinschaften häufig und leidenschaftlich gern.

Einige meiner Freunde haben in East London eine Gemeinde mit täuferischen Werten gegründet. Ihr simples Motto: „Kein Essen, kein Treffen! („no eating, no meeting“)“. Andere beteiligen sich an „Tisch-Gemeinden“, entwickeln „Tisch-Liturgien“, die Gebet, Essen, Gespräch, biblische Gedanken, das Teilen von Brot und Wein in Erinnerung an Jesus, wie auch den gemeinsamen Abwasch einschließen. Für viele sind eher die Küche oder der Esstisch symbolträchtige Treffpunkte, als der Altarbereich.

Längst nicht immer ist es Täufern gelungen, ihren eigenen Erwartungen und auch denen anderer gerecht zu werden. Darum bietet die täuferische Bewegung sowohl warnende Geschichten als auch inspirierende Beispiele. Aber das Beharren auf der Praxis der gegenseitigen Verantwortlichkeit ermutigt uns weiterhin, Gemeinden zu fördern, die an starken Beziehungen arbeiten und das praktizieren, was dem Leben dient und befreiend wirkt.

Vielstimmiger Gottesdienst und beratende Leiterschaft

Einer der Gründe, warum von der Praxis der gegenseitigen Verantwortlichkeit häufig als „Gemeindezucht“ gesprochen wird, liegt darin, dass dieser Prozess sehr häufig von Gemeindeleitern dominiert wurde. In der christlich-konstantinischen Ära war dies der Normalfall. Eine kirchliche Gemeindeleitung und der Klerus konnten auf staatliche Unterstützung zählen, wenn es darum ging, irrende Kirchenmitglieder zu sanktionieren. Aber im zugrunde liegenden Text werden Gemeindeleiter gar nicht erwähnt. Matthäus 18,15-17 ermutigt jeden in der Gemeinde, bei der Lösung von Problemen initiativ zu werden. Wird eine Auseinandersetzung öffentlich, werden sich vermutlich Leitungsverantwortliche einer Gemeinschaft um das Vorgehen kümmern. Aber die Betonung liegt auf der Gegenseitigkeit und der Befähigung der ganzen Gemeinschaft.

Gegenseitige Verantwortlichkeit in die Ausübung klerikaler Macht zu verdrehen, ist einer der vielen Wege, auf dem der Wandel zum konstantinischen Christentum die Gemeinschaft zum Schweigen brachte. Die Gemeinde im Neuen Testament wird als eine vielstimmige Gemeinschaft dargestellt:

- Wenn die Gemeinschaft zum Gottesdienst zusammen kam, setzte jedes Mitglied seine Gaben ein, um den ganzen Leib aufzubauen (Röm 12,4-8; 1 Kor 14,26).
- In manchen Gemeinden wollten so viele Menschen ihre Gaben einbringen, dass man Richtlinien einführte, um die Ordnung aufrechtzuerhalten (1 Kor 14,27-28.39-40).
- Das Lehren wurde nicht einer einzelnen Person überlassen, sondern es waren viele Menschen beteiligt. Gemeinsam dachte man über die Schrift nach, prüfte, was die anderen sagten, und lernte dabei als Gemeinschaft (Apg 15,6-21; 1 Kor 14,29-31; Kol 3,16).
- Seelsorge wurde, wie wir sahen, durch die Gemeinschaft ausgeübt und war nicht auf ernannte „Pastoren“ beschränkt (Mt 18,15-18; Apg 4,32; Röm 12,10-13; Eph 4,15-16; 1 Thess 5,12-15).
- Es gab Leiter in der Gemeinschaft, aber der Normalfall scheinen Leitungsteams gewesen zu sein, die sich aus Menschen mit unterschiedlichen Gaben zusammensetzten (Apg 13,1-3; Eph 4,11-13).

Die Kirche der christlich-konstantinischen Ära war allerdings, wie wir in Kapitel 2 gezeigt haben, zutiefst einstimmig. Der Klerus sprach und die Laien hörten zu. Die Reformatoren traten für das „Priestertum aller Glaubenden“ ein, aber in der Realität waren dann doch manche priesterlicher als andere. Und dieses Erbe des Christentums scheint weiterhin außerordentlich einflussreich in den meisten Traditionen zu sein. Versuche, vielstimmige Praktiken einzuführen, scheitern deshalb häufig, weil Gemeinden schlecht darauf vorbereitet sind und sich unter einer Decke stiller Passivität verstecken.

Die ersten Täufer empörten sich über die ungesunde Abhängigkeit der Gemeinden von Einzelnen. Ihrer Meinung nach waren Gemeinden, in denen nur eine Person sprach und alle anderen schwiegen, keine „geistlichen Versammlungen“. In ihren eigenen Gemeinschaften erwarteten sie, dass sich viele Menschen beteiligten.

Viele nonkonformistische Gruppen und neu aufkommende Gemeinden genossen die Freiheit, sich in einer Weise einzubringen, die in anderen Kirchen nicht erlaubt war. Aber das Erbe des Christentums wiegt schwer. Die meisten Gruppen zieht es nach und nach in eine einstimmige Praxis hinein, die die Kirchen des Westens über Jahrhunderte dominiert hatte.

Die Täuferbewegung hat sich für eine vielstimmige Grundhaltung eingesetzt. Reste davon sind erhalten geblieben, aber viele heutige Täufergemeinden sind dem Druck erlegen und zur Einstimmigkeit zurückgekehrt. Es gibt dafür viele vernünftige Gründe – Qualitätskontrolle, der Nutzen aus dem Fachwissen derjenigen, die eine theologische Ausbildung mitbringen, und das Aufrechterhalten einer guten Ordnung, sind nur drei davon. Aber die Nachteile dürften schwerer wiegen als die Vorteile – Entmachtung der Gemeinde, Dämpfen des Geistes, Schaffung von Abhängigkeiten, das zum Schweigen-Bringen prophetischer Stimmen, und die Überlastung der Gemeindeleiter. Und das Zeugnis des Neuen Testaments ist, dass die vielstimmige Gemeinde normal ist.

Die fünfte Grundüberzeugung verpflichtet uns dazu, der von der christlich-konstantinischen Ära ererbten Position zu widerstehen und Gemeinschaften zu fördern, in denen viele Stimmen gehört werden. Dazu gehören auch Modelle und Praktiken einer Leiterschaft, die beratenden Charakter hat. „Vielstimmig“ muss nicht „chaotisch“ oder „führungslos“ bedeuten. Leiterschaft ist eine der Gaben, die in Gemeinschaften ausgeübt wird. Sie begrüßen und schätzen unterschiedliche Beiträge. Aber ein autokratischer Leitungsstil ist dabei unangemessen und damit unvereinbar. Das glauben wir im Blick auf das Vorbild und die Lehre Jesu.

Beratende Leiterschaft kann auf ganz unterschiedliche Wege ausgeübt werden. Eine ganze Reihe von täuferischen Gemeinden hat ausgeklügelte Prozesse entwickelt, um sicherzustellen, dass jede Stimme gehört wird und alle Auffassungen mit berücksichtigt werden. Diese sind beeindruckend, aber sie können auch anstrengend, zeitraubend und sehr langwierig sein. Manche erklären den „Konsens“ zum Ideal der Entscheidungsfindung. Konsens bedeutet hier nicht, dass jeder notwendigerweise zustimmt, aber dass jeder erkennt, dass seine Stimme gehört worden ist und die Entscheidung der Gemeinschaft unterstützt, auch wenn er oder sie bei dem, was entschieden wurde, anderer Meinung ist. Sorgfältiges Hinhören und Konsultationsprozesse können eine Gabe der täuferischen Tradition für viele Gemeinden sein, die mit Konflikten zu kämpfen haben, die durch wenige, aber einflussreiche, Stimmen dominiert werden oder die mit beratenden Leitungsansätzen nicht vertraut sind.

Aber beratende Leiterschaft muss sowohl die „Leiterschaft“ wie auch das „beratende“ betonen. Die täuferische Tradition war bei Letzterem stark und bei der Kultivierung des ersteren nicht immer so effektiv. Ohne mutige und phantasievolle Leiterschaft, einschließlich der kompetenten Leitung von Konsultationsprozessen, können Gemeinschaften risikoscheu und dem Untergang geweiht sein. Das trifft kaum auf die ersten täuferischen Gemeinschaften zu, aber es ist etwas, das wir heute vermeiden müssen.

Jung und Alt, Frauen und Männer

Das Entwickeln vielstimmiger Gemeinden erfordert von uns, dass wir mit denjenigen rechnen, deren Beiträge oft an den Rand gedrängt oder eingeschränkt werden. In manchen Gesellschaften gewährleistet der Respekt vor älteren Menschen, dass ihre Stimme gehört wird und ihre

Beiträge gefragt sind. Das ist allerdings in den Gesellschaften des Westens seit einiger Zeit nicht mehr so üblich. Gemeinden können sich dieser kulturellen Tendenz sehr leicht angleichen und darin versagen, die Ressourcen und Erkenntnisse älterer Mitglieder aufzugreifen. Ob diese Einstellungen in einer älter werdenden Gesellschaft überdauern werden, ist offen. Gemeinden (deren Altersdurchschnitt tendenziell ohnehin höher liegt) könnten jedenfalls Wege finden, die sicherstellen, dass sie ältere Mitglieder wertschätzen und ihre Gaben aufnehmen.

Der Stellenwert von Kindern in den gegenwärtigen westlichen Gesellschaften ist irgendwie unklar, und das spiegelt sich in vielen Gemeinden wider. Manche haben den Eindruck, dass Kinder zu sehr verwöhnt oder behütet werden und übermäßige Aufmerksamkeit genießen. Trend ist, dass Gemeinden Mitarbeiter einzustellen, die ihre Kinder- und Jugendarbeit leiten. Das kann man interpretieren als verzweifelte Reaktion auf die Tatsache, dass sie fürchten die Kinder ihrer eigenen Mitglieder zu verlieren Es ließe sich aber auch verstehen als ein Zeichen dafür, dass die jungen Leute mehr geschätzt werden als in früheren Generationen. Aber viele Kinder in unserer Gesellschaft und in unseren Kirchen werden vernachlässigt, missbraucht, stigmatisiert, und man ermöglicht ihnen nicht, ihr volles Potenzial zu entfalten. Kirchen in vielen Traditionen ringen mit Fragen, die mit der Stellung von Kindern und ihrer Teilhabe am Leben der Gemeinde zu tun haben. Sind sie jetzt Mitglieder oder potenziell Mitglieder der Gemeinde? Können sie am Abendmahl teilnehmen? Sind sie stimmberechtigt? Was bedeutet es, wenn die Kinder in der Mitte der Gemeinde stehen, statt am Rand? Mit dieser Frage haben sich einige der neuen Gemeinden beschäftigt.

Wie Junge und Alte sich zueinander verhalten, aufeinander hören und die Erkenntnisse der jeweils anderen aufnehmen, all das stellt eine weitere Dimension eines vielstimmigen Gemeindelebens dar. Viele neu aufkommende Gemeinden sind daraufhin konzipiert, sich auf eine spezifische Subkultur, ethnische Gemeinschaft, ein Beziehungsnetzwerk oder eine bestimmte Altersgruppe einzulassen. Viele traditionelle Gemeinden sind auf ähnliche Weise eingeschränkt, allerdings eher aufgrund ihres Zustandes als durch ihr Bestreben. Im Blick auf die Legitimität und den Einfluss solch homogener Gemeinschaften tauchen oft Fragen auf. Wir mögen sie als notwendig für eine effektive und sensitive Mission in einer pluralistischen Kultur verteidigen. Aber können wir nicht Gemeinden fördern und entwickeln, in denen die Vielfältigkeit bereichert, statt zu entfremden; in denen sich Jung und Alt gegenseitig respektieren?

Liefert uns die täuferische Tradition irgendwelche Ressourcen, die uns dabei helfen, diese Themen anzupacken? Die faszinierendste Ausdrucksform einer generationsübergreifenden Gemeinschaft, der ich jemals begegnet bin, war der Bruderhof der Hutterer in East Sussex – einer 300 Mitglieder starken Gemeinde, die in Gütergemeinschaft lebt und sich mit dem kommunitären Strang des Täufertums identifiziert. An dieser Gemeinschaft haben die älteren Mitglieder aktiv teil. Sie werden geschätzt und ihr Leben lang umsorgt. Kinder werden durch die gesamte Gemeinschaft gefördert und nicht nur in ihren Kernfamilien. In der Wood Green Mennonite Church wurden sogenannte Zweierschaften gebildet, um die jüngeren Mitglieder durch die älteren in ihrer Glaubensentwicklung zu begleiten. Wir wollen mit Christen aus anderen Traditionen nach Wegen suchen, wie Junge und Alte angenommen und wie von ihnen gelernt werden kann.

In vielen Traditionen sind die Stimmen von Frauen zum Schweigen gebracht oder auf bestimmte Zusammenhänge beschränkt worden. Manchmal bündeln sich hier theologische Argumente und biblische Auslegungen mit kulturellen und persönlichen Vorlieben, um Frauen von manchen Bereichen des Dienstes auszuschließen. Woanders stimmen die egalitären Impulse und Grundsatzerklärungen nicht mit der Praxis überein. Das gilt besonders für viele neu aufkommende Gemeinden. Unsere fünfte Grundüberzeugung ermutigt uns, dies infrage zu stellen und Gemeinden zu fördern, in denen die Stimmen von Frauen und Männern gehört und gleichermaßen respektiert werden. Und in denen Funktionen und Aufgaben gabenbezogen statt geschlechtsspezifisch übertragen werden.

Nicht alle täuferische Gemeinschaften in Geschichte und Gegenwart würden dem wahrscheinlich zustimmen. Einige, auch Hutterische Bruderhöfe, haben klar definierte Rollen, die geschlechtsspezifisch übertragen werden und weniger den Gaben entsprechend, womit die Leiterschaft auf Männer beschränkt wird. Aber viele weisen diese

Regeln und Praktiken heute als Reste eines patriarchalen Christentums zurück. Sie verweisen auch auf Beispiele aus den ersten Täufergemeinden, in denen die Beiträge von Frauen und Männern in allen Bereichen des Gemeindelebens gefördert wurden, und in denen Frauen oftmals eine wichtige leitende Funktion hatten.[23] Zweifellos wirkte der kulturelle Druck auch damals einschränkend auf das, was täuferische Frauen tun konnten. Doch hatten sie in ihren Gemeinden einen wesentlich größeren Spielraum, um ihre von Gott gegebenen Dienste auszuüben, als es ihren katholischen und evangelischen Pendants vergönnt war.

So wie bei anderen Bereichen dieser fünften Grundüberzeugungen behaupten wir nicht, dass sich alle über diese Fragen Gedanken machen, oder uneingeschränkt erfolgreich mit diesen Herausforderungen umgehen. Wir nehmen die Zähigkeit dieser fest verwurzelten Einstellungen und entmachtenden Strukturen wahr, und wir feiern die kontinuierlichen Anstrengungen von Christen in unterschiedlichen Traditionen, diese zu transformieren. Aber nach unserer Erfahrung sind die Täufergemeinden für viele Frauen der Ort gewesen, wo sie aufblühen konnten und in denen ihre Gaben, nicht ihr Geschlecht, entscheidend waren für ihre Rollen und Beiträge.

Die Taufe ist den Glaubenden vorbehalten

Die abschließende Bemerkung dieser Grundüberzeugung dürfte sich für manche Leser als Stolperstein oder Hemmschuh erweisen, um sich mit der Täuferbewegung zu beschäftigen. Andere Einsichten dürften anziehend und anwendbar in vielen Traditionen des zerfallenden konstantinischen Christentums sein. Doch das Beharren auf einer bestimmten Sicht auf die Taufe stellt ein Problem für diejenigen dar, die zu Denominationen und Gemeinden gehören, die Kinder taufen. Müssen wir das wirklich in unsere Grundüberzeugungen mit einfügen?

---

[23] Für weitere Informationen siehe C. Arnold Snyder & Linda Huebert Hecht (Hrsg.), *Profiles of Anabaptist Women: sixteenth-century reforming pioneers* (Waterloo: Wilfrid Laurier University Press, 1996).

Über diese Frage haben wir lange nachgedacht. Die erste Version unserer Grundüberzeugungen enthielt diese Aussage nicht. Sie wurde nach einer wichtigen Konferenzdebatte hinzugefügt, in der wir die Überzeugungen noch einmal überprüften und uns zu gewissen Überarbeitungen entschieden. Uns war klar, dass diese Aussage manche befremden würde und der Idee wieder Auftrieb geben könnte, die Täuferbewegung sei vor allem aufgrund der umstrittenen Bedeutung der Taufe entstanden. Manche unter uns fragten sich, ob es wirklich notwendig sei, in einen Text des 21. Jahrhunderts irgendwelche Bezüge zu einem Thema einzubringen, das im 16. Jahrhundert hoch brisant war, das aber schon lange nicht mehr die gleiche theologische und soziale Bedeutung hat. Schließlich wurde das Entstehen der Täuferbewegung durch andere Faktoren verursacht, als durch Meinungsverschiedenheiten über die Taufpraxis, auch wenn letztlich das Etikett „Wiedertäufer" dazu benutzt wurde, diese Bewegung zu kennzeichnen. Die Ablehnung des christlich-konstantinischen Systems, eine Betonung der zentralen Rolle Jesu, das Streben nach sozialer Gerechtigkeit, die Trennung von Staat und Kirche, die Betonung von Nachfolge und Gemeinschaft, das Eintreten für Frieden und das Teilen von Ressourcen – diese Anliegen waren wohl wesentlich entscheidender als die Debatte über die Taufe. Gerade diese täuferischen Ansätze ziehen heute viele an. Dennoch fügten wir die Aussage über die Taufe in unsere Grundüberzeugungen ein. Warum? Weil die Auffassung, dass die Taufe den Glaubenden vorbehalten ist, in der täuferischen Tradition untrennbar mit den fundamentalen Überzeugungen über das Wesen der Gemeinde verbunden ist. Sie beharrten darauf, dass die Gemeinde aus denjenigen besteht, die an Jesus glauben und ihm nachfolgen wollen. Säuglinge und Kinder werden von der Gemeinde zwar angenommen, aber nicht getauft, ehe sie nicht wirklich die Freiheit haben, sich für die Taufe als ein Merkmal ihres persönlichen Glaubens und ihrer bewussten Nachfolge zu entscheiden. Für die Täufer war die Taufe von Glaubenden nicht das zentrale Thema, aber es war *das Symbol für das zentrale Thema*: Was bedeutet es, ein Nachfolger Jesu zu sein und welche Art von Gemeinschaft wächst aus solcher Nachfolge?

Täufer in Geschichte und Gegenwart haben prinzipielle Einwände gegen die Säuglingsstaufe:

- Trotz gegenteiliger Behauptungen sind wir nicht davon überzeugt, dass es im Neuen Testament eine sichere Grundlage für diese Praxis gibt, oder dass eine Analogie zur Beschneidung hier weiterhilft.
- Wir sind davon überzeugt, dass verschiedene scharfsinnige theologische Rechtfertigungen der Kindertaufe nicht mehr sind als Versuche, eine Praxis zu legitimieren, die aus seelsorgerlichen und politischen Gründen eingeführt wurde.
- Wir sind davon überzeugt, dass die Kindertaufe gut in das ideologische Rahmenwerk einer sakralen Kultur des Christentums passt. Sie entspricht aber weder Gemeinden, die sich über eine bewusste Nachfolge Jesu aller Gemeindeglieder definieren, noch einem nachchristlichen Kontext.

Nach täuferischem Verständnis ist die Taufe nicht nur ein sichtbarer Ausdruck des persönlichen Glaubens, sondern auch ein Versprechen der Nachfolge, eine Einladung zur gegenseitigen Verantwortlichkeit und die Verpflichtung zu aktiver Teilnahme in der Gemeinde.

Die Aufnahme dieser Aussage in unsere zentralen Überzeugungen erfolgt nicht, um Christen aus kirchlichen Traditionen mit einer anderen Tauflehre abzuschrecken. Schon gar nicht will sie davon abhalten, von anderen täuferischen Aspekten zu lernen. Unserer Erfahrung nach suchen sich viele die Elemente aus der Täuferbewegung heraus, die ihnen am hilfreichsten erscheinen, ohne dabei die gesamte Tradition zu übernehmen. Aber unsere Diskussion führte zu dem Ergebnis, dass wir um unserer Integrität willen in unseren Grundüberzeugungen keinesfalls die Hinweise auf ein Thema auslassen sollten, das für die ersten Täufer so wichtig war und das weiterhin das christlich-konstantinische Kirchenmodell herausfordert.

Brot und Wein miteinander teilen

In ihrem Widerstand gegen das Taufverständnis und die Taufpraxis der Täufer mögen sich die Reformatoren einig gewesen sein, aber im Blick auf das Abendmahl oder die Eucharistie waren sie zutiefst gespalten. Alle verwarfen die traditionelle katholische Auffassung der

Messe, aber Luther und Zwingli waren zerstritten über die Frage, wie die Feier mit Brot und Wein zu interpretieren sei. Die Täufer folgten dabei im allgemeinen Zwingli – Brot und Wein wurde als eine einfache Erinnerung an den Tod Jesu Christi betrachtet. Aber sie hatten nur ein geringes Interesse an den abstrusen und spekulativen Debatten, die an vielen Orten tobten. In den Niederlanden bot ihr einfacher Ansatz eine attraktive Alternative zu den Kompliziertheiten des „Abendmahlsstreites".

Ihr ureigenster Beitrag zur Abendmahlspraxis stellte keine weitere theologische Nuance dar. Sie beharrten lediglich darauf, dass das gemeinsame Teilen von Brot und Wein Konsequenzen für die alltägliche Nachfolge und das gemeinsame Leben der Gemeinde hatte.

Dies wurde prägnant und kraftvoll in der „Verpflichtung zur Liebe" zusammengefasst, die vom Täuferführer Balthasar Hubmaier eingeführt wurde. Obwohl ein täuferischer Gottesdienst für gewöhnlich formlos und spontan ablief, schrieb Hubmaier noch kurz vor seinem (gewaltsamen) Tod „Eine Form des Nachtmahls Christi". Diese Schrift leitete die Mitglieder einer Gemeinschaft dazu an, sich dessen genau bewusst zu sein, was sie da taten. Vor dem Austeilen von Brot und Wein wurden sie aufgefordert aufzustehen und sich Gott und untereinander ganz neu zu verpflichten. Weil so viele charakteristische Elemente der täuferischen Spiritualität in diesem Versprechen enthalten sind, lohnt sich ein ausführliches Zitat:

„Ihr Brüder und Schwestern, wollt ihr Gott in der Kraft seines heiligen und lebendigen Wortes vor, in und über alle Dinge lieb haben, ihm allein dienen, ihn ehren und anbeten und seinen Namen fortan heiligen, auch euren fleischlichen und sündigen Willen seinem göttlichen Willen, den er durch sein lebendiges Wort in euch gewirkt hat, unterwerfen, zum Leben und zum Tod? Dann sage ein jeder einzeln: ‚ICH WILL.'

Wollt ihr euren Nächsten lieb haben, und die Werke brüderlicher Liebe an ihm vollbringen, euer Fleisch und Blut für ihn dahin geben und vergießen, auch Vater und Mutter und aller Obrigkeit nach dem Willen Gottes gehorsam sein, und das aus der Kraft unseres Herrn Jesus Christus, der auch sein Fleisch und Blut für uns dahin gegeben und vergossen hat? Dann sage ein jeder einzeln: ‚ICH WILL.'

Wollt ihr brüderliche Ermahnung üben, gegen eure Brüder und Schwestern, Frieden und Einigkeit zwischen ihnen machen, und auch euch selber mit allen, die ihr beleidigt habt, versöhnen, Neid, Hass und alles Böse gegen jedermann fallen lassen, alles Handeln und Verhalten, das eurem Nächsten Schaden, Nachteil und Ärger zufügt, bewusst fallen lassen, auch eure Feinde lieben und ihnen Gutes tun, und alle, die solches nicht tun wollen, nach der Ordnung Christi ausschließen? Dann sage ein jeder einzeln: ‚ICH WILL.'

Begehrt ihr hierauf im Nachtmahl Christi, mit dem Essen des Brotes und dem Trinken des Weins, diese Liebespflicht, die ihr versprochen habt, öffentlich vor der Kirche zu bestätigen, und in der Kraft des lebendigen Gedächtnisses des Leidens und Sterbens Jesu Christi unseres Herrn zu bezeugen? Dann sage ein jeder einzeln: ‚ICH BEGEHRE es in der Kraft Gottes.'

So esst und trinkt miteinander im Namen Gottes, des Vaters, des Sohnes und des Heiligen Geistes. Derselbe verleihe uns alle Kraft und Stärke, damit wir es nach seinem göttlichen Willen würdig vollbringen und vollenden. Der Herr gewähre uns seine Gnade. Amen."

Wie die ersten Gemeinden feierten die ersten Täufer das Abendmahl im Allgemeinen in häuslicher Umgebung, wo Brot und Wein im Rahmen eines gemeinsamen Mahles ausgeteilt wurden. In der christlich-konstantinischen Ära war diese Praxis verboten und die Mahlgemeinschaft wurde von der Mahlzeit getrennt. In manchen Gemeinden werden heute Brot und Wein wieder ausgeteilt, wenn die Gemeinschaft sich zum Essen versammelt.

Die Hoffnung behalten

Das Grenzland zwischen einem vergehenden konstantinischen Christentum und einem aufkommenden Post-Christentum scheint eine unangenehme Umgebung für das Gemeindeleben zu sein. Viele Reste und Hinterlassenschaften des Christentums stopfen die Gemeinden voll und lenken die Christen von den Möglichkeiten dieses neuen Kontextes ab. Die Mitgliederzahlen gehen zurück, der gesellschaftliche Einfluss nimmt ab und die Aussichten scheinen düster zu sein. Neue, frische Ausdrucksformen von Gemeinde bieten Funken der Hoffnung. Aber es muss sich noch erweisen, ob sie zukunftsfähig oder dazu in der Lage sind, Kontakte mit vielen Menschen jenseits der christlichen Anhängerschaft zu knüpfen. Manche halten an der Erwartung einer Erweckung fest, die das Blatt noch wenden könnte. Andere fragen sich, ob die westliche Kultur in ein dunkles Zeitalter geht, in dem der Glaube beinahe ausgelöscht ist. Wir wissen, dass die Kirche an anderen Orten auf spektakuläre Art und Weise wächst, aber welche Auswirkung wird das auf uns haben? Einige geben zu verstehen, dass ein voll entfaltetes Post-Christentum genauso offen sein wird für das Evangelium, wie die vorchristlichen Gesellschaften. Aber wird es uns noch geben, um diese Chance zu ergreifen?

Die täuferische Tradition bietet keine einfachen Antworten auf diese Fragen. Sie ermutigt uns jedoch, das Ende des konstantinischen Christentums ebenso zu feiern wie auch zu betrauern, und auf Gott zu vertrauen, ganz egal, wie trostlos die Situation auch erscheinen mag. Wenn das konstantinische Christentum nicht das auf die Erde gekommene Reich Gottes war, sondern ein unzulässiges Zusammenwirken mit weltlicher Herrschaft, dann dürfen wir uns vielleicht an seinem Niedergang freuen und unsere Augen wieder auf das kommende Reich der Gerechtigkeit und des Friedens richten, das die Propheten verheißen haben.

Wir brauchen eine Post-Christentum-Eschatologie (Eschatologie: „Lehre von den letzten Dingen"), eine Vision von einer Zukunft, die nicht durch imperiale Ideologie verunreinigt ist, eine Hoffnung, die uns durch diese Zeit der Unsicherheit durch tragen kann. Und wir benötigen starke Gemeinden, die die Hoffnung aufrechterhalten, wenn wir gemeinsam „nach Gottes Reich trachten".

Die Eschatologie war eine der farbigeren Facetten der Theologie der Täufer. Wie die meisten ihrer Zeitgenossen waren sie davon überzeugt, zur letzten Generation vor der Wiederkunft Christi zu gehören. So erwarteten sie freudig den Höhepunkt der Geschichte und das Kommen des Reiches Gottes. Vielleicht etwas überraschend für eine Bewegung, die allgemein als pazifistisch gilt, lebten manche in der Erwartung, dass sich der Zorn Gottes über ihre Gegner ergießen würde. Nicht wenige hofften darauf, persönlich bei einigen dieser

„Strafgerichte" mitmischen zu dürfen. Die meisten begnügten sich jedoch damit, das Gericht Gott zu überlassen und hofften lediglich darauf, im ewigen Reich willkommen zu sein, nachdem sie um Christi willen Verfolgung erlitten hatten.

Heute ist vielen die Sprache und besonders die Bildersprache des 16. Jahrhunderts unsympathisch. Wir tun aber gut daran, über die Art und Weise nachzudenken, wie die Hoffnung damals inmitten großer Leiden und gescheiterter Ambitionen am Leben erhalten wurde. Den ersten Täufern galten ihre Gemeinschaften als Zeichen der Hoffnung. Wo auch immer ihre zweifellosen Schwächen lagen, sie bewahrten den Mut und die Vision, indem sie sich gegenseitig an die Geschichte ihres Glaubens erinnerten. Sie ermutigten jeden, treu zu bleiben, sangen und beteten zusammen, entwickelten kontrastgesellschaftliche Prinzipien und gaben ihren Glauben an die nächste Generation weiter.

Abschließend verdient festgehalten zu werden, dass diese Grundüberzeugung nichts aussagt über die Strukturen, Formen, Programme oder Stile, die die Gemeinden haben sollen. Vielleicht hat man diesen Fragen in den letzten Jahren zu viel Aufmerksamkeit geschenkt. Vielleicht hat ja die christlich-konstantinische Ära das Gemeindeleben zu kompliziert gemacht. Und vielleicht ist Gemeinde eigentlich ganz einfach. Die täuferische Tradition lenkt den Blick auf Werte und Praktiken, die die Hoffnung auf Gottes Reich unterstützen und baut Gemeinschaften, die diese Hoffnung verkörpern. Obwohl die Täufergemeinden häufig hinter diesen Ansprüchen zurückbleiben, finden wir hier doch eine starke und attraktive Vision der christlichen Gemeinschaft. Diese wird von einer wachsenden Anzahl von Christen im Post-Christentum als hoffnungsvoll empfunden.

KAPITEL 5

Gerechtigkeit und Frieden

Die Täuferbewegung wurde oft beschuldigt, mit sich selber beschäftigt, gemeindezentriert und gleichgültig gegenüber sozialen Veränderungen zu sein. Manche sind wirklich schuldig im Sinne der Anklage. Aber in den Anfängen waren viele, schon bevor sie sich der Bewegung anschlossen, sehr engagiert im Kampf für soziale, ökonomische und politische Gerechtigkeit. Diese Anliegen haben sie dann als Täufer weiterhin verfolgt. Die damaligen Machthaber hatten keinen Zweifel daran, dass sie eine Bedrohung für die soziale Ordnung darstellten, und nicht nur Mitglieder einer etwas besonderen religiösen Gemeinschaft waren. Ihre Entstehung im Gefolge eines fehlgeschlagenen, aber sehr besorgniserregenden Bauernaufstandes (in den manche führende Täufer aktiv involviert waren), brachte es mit sich, dass die Bewegung als eine weitere Herausforderung des Status quo betrachtet wurde.

Am meisten beunruhigte ihre Bereitschaft zu wirtschaftlicher Solidarität und die Weigerung, Waffen zu tragen. Die Fragen von „Versorgung“ und „Schutz“ sind für alle menschlichen Gesellschaften von grundlegender Bedeutung. Daher wählen sie Mittel und Wege, die sicherstellen sollen, dass ihre Gesellschaft vor ihren Feinden geschützt ist. Oder sie sorgen für eine bestimmte Basis zum Austausch von Waren. Wer diese gewählten Mittel und Wege als unzulässig infrage stellt oder aushöhlt, wird als staatsfeindlicher Unruhestifter betrachtet.

Im Lauf der Jahrhunderte haben Täufer diese Themen nicht immer so unumwunden zur Sprache gebracht wie ihre Vorfahren. Durch Verfolgung zum Schweigen gebracht, durch Auswanderung zerrissen und in jüngster Vergangenheit auch durch zunehmenden Wohlstand in die Anpassung an die vorherrschenden sozialen Normen gelockt, haben sie zu manchen Zeiten diese Überzeugungen hinter sich gelassen. Manchmal haben sie sie in aller Stille praktiziert, ohne sie gegenüber anderen zu vertreten. Manchmal konzentrierten sie sich auch darauf Gemeinden zu gestalten, die diese Überzeugungen in bewusster Opposition zu der sie umgebenden Gesellschaft verkörperten.

Unsere sechste und siebte Grundüberzeugung machen darauf aufmerksam, wie heute viele in einem völlig anderen sozialen und politischen Kontext die historischen Sichtweisen der Täuferbewegung zu Fragen von Gerechtigkeit und Frieden interpretieren und anwenden. Wenn es um „Versorgung" und „Schutz" der Gesellschaft geht, ist es durchaus mögliche alternative Ansätze zu vertreten und ihnen den Weg zu bahnen, ohne dabei wie die ersten Täufer verfolgt zu werden. Die Unantastbarkeit des Privatbesitzes und das Sich-Verlassen auf die Bewaffnung zur Verteidigung nationaler Interessen, bilden immer noch die Grundlage der meisten Gesellschaften. Doch diese konventionelle Politik verursacht immense Zerstörung auf unserem Planeten und schadet sehr vielen Menschen. Daher sind heute viele Menschen davon überzeugt, dass dafür Alternativen gefunden werden müssen.

Die sechste Grundüberzeugung:

Spiritualität und Ökonomie sind eng miteinander verbunden. In einer individualistischen und konsumorientierten Gesellschaft und in einer Welt voller ökonomischer Ungerechtigkeit sind wir entschlossen, Wege eines einfachen Lebensstils zu finden, großzügig zu teilen, die Schöpfung zu bewahren und uns für Gerechtigkeit einzusetzen.

Sowohl im Alten wie auch im Neuen Testament sind Spiritualität und Ökonomie eng miteinander verwoben. Die im Gesetz festgehalten Verpflichtungen des Bundes zwischen Gott und Israel, enthalten viele detaillierte ökonomische Prinzipien und Praktiken. Die Propheten erinnerten das Volk Israel, und besonders seine politischen Führer, ständig daran, dass ihre Gebete unbeachtet bleiben, wenn sie keine Gerechtigkeit verwirklichen. Ihre Gottesdienste sind eine Beleidigung Gottes, solange sie sich nicht um die Armen und Bedürftigen kümmern (vgl. Jes 1,11-17 und 58,1-4). Jesus verweist darauf, dass „wo dein Schatz ist, da wird auch dein Herz sein" (Mt 6,21), und die Evangelien sind voller Gleichnisse und Anleitungen zum Thema Reichtum und Armut, den Gebrauch und Missbrauch von Besitztümern und den Erfordernissen von Gemeinschaft. Ökonomische Fragen tauchen nicht nur häufig im Neuen Testament auf, in der Apostelgeschichte wird uns auch die erste Jerusalemer Gemeinde vorgestellt, in der das Teilen von Ressourcen untrennbar mit dem Glauben und der Nachfolge verbunden war.

Spiritualität und Ökonomie

Die Wechselbeziehung zwischen Spiritualität und Ökonomie wird auch in den christlichen Gemeinden der ersten drei Jahrhunderte offensichtlich. Ökonomische Fragen werden intensiv behandelt in Predigten, Briefen und Abhandlungen der Gemeindeleiter, sowie in der Unterweisung derer die zur Gemeinden stoßen. Die gewohnte soziale Ungleichheit wurde nicht sofort überwunden, wie die Ermahnungen des Paulus an die Christen in Korinth deutlich machen. Aber es wurde ganz klar davon ausgegangen, dass die Nachfolge Jesu ökonomische Konsequenzen hatte. Die sozialen Programme der Gemeinden standen vielen Menschen offen, auch vielen Nicht-Mitgliedern. Wie die ersten Christen hatten Jahrhunderte später auch die Täufer keinen Zugriff auf politische Macht. Sie konnten von daher keine strukturellen Veränderungen in der Gesellschaft anstoßen, aber ihre Gemeinden entwickelten kontrastgesellschaftliche Ansätze hinsichtlich Besitz und Umgang mit Eigentum. Sie bestanden darauf, Ökonomie als ein geistliches Thema zu betrachten.

Allerdings eröffnete sich im 4. Jahrhundert ein neues Szenarium, als der Kaiser sich zum Christentum bekehrte. Jetzt hatten die Kirchen Zugriff auf die politischen Entwicklungen und konnten für eine ökonomische Gerechtigkeit und sozialen Wandel arbeiten. Aber die Kirchen waren jetzt auch Empfänger der kaiserlichen Großzügigkeit.

Zunehmend wurden sie von reicheren Bürgern besucht, die ganz und gar nicht dazu neigten, Spiritualität mit Ökonomie zu verbinden, ihre Besitztümer zu veräußern, oder das System zu verändern, das ihren Wohlstand und ihren sozialen Status absicherte. Die Kirchen ermunterten zum großzügigen Geben, um die Nöte der Armen zu lindern, und entwickelten verschiedene Institutionen, die sich um die Opfer des Systems kümmern sollten, bei dessen Erhalt sie nun selber mithalfen. Aber sie waren nicht mehr bestrebt, das System selber herauszufordern.

Im Lauf der Jahrhunderte wurde die Kirche zu einer extrem reichen Institution und einem der größten Landbesitzer. Nicht nur das, auch die Abgabe des Zehnten, die durch das konstantinische Christentum eingeführt wurde, führte letztlich zu wirtschaftlicher Not und die ärmsten Mitglieder der Gesellschaft ins Elend.[24] Der Bauernaufstand im 16. Jahrhundert war ein verzweifelter Protest, inspiriert durch das Evangelium, gegen den ökonomischen Missbrauch der Kirche und dem Rest der Gesellschaft. Auch die Reformatoren waren empört über die korrupten und ungeistlichen wirtschaftlichen Praktiken der Kirchenführer – einschließlich des Verkaufs von Ablassbriefen. Sie waren jedoch in das christlich-konstantinische System verstrickt und zu stark abhängig von der Unterstützung durch die Herrschenden, um innerhalb der gesamten Gesellschaft für ökonomische Gerechtigkeit zu sorgen.

Es blieb den Täufern, die im Kielwasser früherer nonkonformistischer Bewegungen daherkamen, nichts anderes übrig, als eine energischere Kritik an den ökonomischen Voraussetzungen zu entwickeln, auf denen die Gesellschaft basierte. Sie ließen sich durch die Lehre Jesu und das Vorbild der ersten Gemeinden leiten, setzten sich daher kaum für den Status quo ein und waren von einem tiefen Misstrauen gegenüber dem christlich-konstantinischen System erfüllt. Diese Kritik war für die Herrschenden so beunruhigend, dass manche von ihnen offizielle Warnungen veröffentlichten. In den *39 Artikeln* der Kirche von England aus dem Jahr 1571 lesen wir in Artikel 38: „Das

[24] Zu diesem und anderen ökonomischen Aspekten des kirchlich-konstantinschen Systems, vgl. Stuart Murray, *Beyond Tithing* (Carlisle: Paternoster, 2000).

Vermögen und die Güter der Christen sind, was Rechtsanspruch und Besitz betrifft, nicht gemeinsam, wie gewisse Wiedertäufer fälschlich behaupten." Gute Anglikaner, so drängt der Artikel, sollten großzügig sein, wenn es um das Teilen ihrer Ressourcen gehe, aber sie sollten nicht durch radikale und störende täuferische Ansichten irregleitet werden, die das grundlegende Prinzip des Privatbesitzes untergraben.

Gemeinsamer Besitz und gegenseitige Hilfe

Hat die täuferische Bewegung das gemeinsame Eigentum von Besitztümern gelehrt und praktiziert? Sicherlich nicht in England, wo es im 16. Jahrhundert überhaupt nur sehr wenige Täufer gab. Doch dort erforderte die Angst vor ihnen offensichtlich ihre Erwähnung und ihr öffentliches Anprangern. Auch die Täufer in den meisten anderen Teilen Europas taten dies nicht. Allerdings entwickelten die böhmischen Hutterer „Gütergemeinschaften", in denen bis auf wenige Ausnahmen persönliches Eigentum in gemeinsamem Besitz war. Hier wurde der Gedanke des Privatbesitzes als Widerspruch zum Evangelium betrachtet. Sie waren Flüchtlingsgemeinschaften, die der Verfolgung entrinnen wollten und sich in der ersten Zeit der Besiedlung neuen Landes gegenseitig unterstützten. Da mag die schiere Notwendigkeit für die Haltung der Gütergemeinschaft auch eine gewisse Rolle gespielt haben, doch gab es dafür auch theologische Argumente, denn die Hutterer gründeten ihre Praxis auf biblischen Texte (vor allem Apg 2-4).

Ein eher berüchtigtes Beispiel für den gemeinsamen Besitz stellte die Täuferstadt Münster dar. Von ihr wird berichtet, dass auch die Frauen „gemeinsamer Besitz" waren, ebenso wie anderes Eigentum. Die Belagerung und Einnahme dieser Stadt sowie das anschließende Massaker an ihren Einwohnern haben vielleicht diesen speziellen Ausdruck von Kommunalismus ausgerottet. Die Herrschenden waren darüber hinaus jedoch entschlossen, eine Bewegung zu unterdrücken, die zu solch einem Frevel in der Lage war. Münster lieferte den kirchlichen und staatlichen Führern den Beweis, den sie brauchten, um die Täuferbewegung als irregeleitet und gefährlich zu brandmarken. Es war eher Münster als Böhmen, das zu der Anprangerung der Täufer im 38. Artikel führte.

Dennoch, die Mehrheit der Täufer praktizierte keine Gütergemeinschaft, sondern „gegenseitige Hilfe". Es gab weiterhin Privateigentum und Besitztümer, doch das wurde freiwillig und gerne zur Verfügung gestellt, wenn ihnen andere begegneten, die in Not waren. Genau dieser ökonomische Ansatz ist charakteristisch für die meisten täuferischen Gemeinschaften. Die Gemeinschaften der Hutterer gibt es nach wie vor, und andere Gemeinschaften mit Gütergemeinschaft (wie die der Bruderhöfe) sind entstanden, inspiriert durch die oder in Verbindung mit der täuferischen Tradition. Heute aber geht es uns eher darum, zu verstehen, was gegenseitige Hilfe bedeutet und weniger um Gütergemeinschaft.

Wie unterscheidet sich die Praxis der gegenseitigen Hilfe vom großzügigen Geben, das im 38. Artikel der Kirche von England als Alternative zur Ökonomie der Täufer vertreten wird? Die sechste Grundüberzeugung nennt einige der Auswirkungen. Erstens, Ökonomie und Spiritualität sind aus Gründen der Gerechtigkeit miteinander verbunden, und nicht aus Wohltätigkeit. Den Hintergrund dieser Auffassung bildet eine weltweite ökonomische Ordnung, die zutiefst ungerecht ist, weil eine große Mehrheit in einem System verarmt, das einer kleinen Gruppe von Mächtigen nützt und sie schützt. Wohltätiges Spenden, um einige der schlimmsten Auswirkungen dieses ungerechten Systems auszugleichen, ist lobenswert, aber es kann auch unsere Gewissen beruhigen und uns davon abbringen, für eine gerechtere Welt zu arbeiten. Die Verpflichtung der Täufer zu gegenseitiger Hilfe erkennt an, dass Menschen in Not Anspruch auf unseren Besitz haben. Und das ist eine Sache der Gerechtigkeit, weniger der Wohltätigkeit. Sie nimmt die beunruhigende Herausforderung des Neuen Testaments auf: „Angenommen, jemand, der alles besitzt, was er zum Leben braucht, sieht seinen Bruder oder seine Schwester Not leiden. Wenn er sich ihnen nun verschließt und kein Erbarmen mit ihnen hat – wie kann da Gottes Liebe in ihm bleiben?" (1 Joh 3,17). Johannes besteht darauf, dass die Qualität, ja sogar die Echtheit unseres geistlichen Lebens und unserer Gotteserfahrung ganz eng zusammenhängt mit unserer Nachfolge in Sachen in wirtschaftlichen Fragen. Es wird keine leichte Aufgabe für uns, die praktische Umsetzung dieses Prinzips in einer Welt zu bewerkstelligen, in der wir uns immer häufiger Notlagen gegenüber sehen. Aber wir lassen uns dabei leiten von der Unrast im Blick auf Gerechtigkeit und der Vision von einer anderen Welt.

Zweitens, die Praxis der gegenseitigen Hilfe tritt dem weit verbreiteten Individualismus der derzeitigen westlichen Gesellschaften entgegen. Und nirgendwo tritt der Individualismus deutlicher zutage als in der Wirtschaft. Unser Eigentum ist Privatangelegenheit. Unser Besitz gehört uns und wird eifersüchtig bewacht. Unsere Häuser sind unsere Burgen, gut verteidigt gegen jeden Eindringling. Die meisten von uns legen die Höhe ihres Verdienstes oder ihres Ersparten anderen gegenüber nicht offen. Wir bitten andere auch nicht, mit uns darüber nachzudenken, wo wir leben könnten, welcher Lebensstandard angemessen wäre, oder wie wir unsere Ressourcen nutzen könnten. Es ist völlig unnötig, dass unsere Gemeinden mit diesen gesellschaftlichen Normen übereinstimmen. Unsere Gemeinden haben uns darin zu helfen, unser Angewiesensein auf gegenseitige Hilfe und die wirtschaftlichen Triebkräfte unserer Gesellschaft zu erkennen und ihnen zu widerstehen? Dann wird unsere gegenseitige Hilfe nicht nur darin bestehen, die Ressourcen miteinander zu teilen, sondern *gemeinsam* herauszuarbeiten, wie wir in wirtschaftlichen Dingen Nachfolger Jesu sein können. Dieses ökonomische Handeln wird Auswirkungen auf unsere Spiritualität haben.

Drittens, die Praxis des wohltätigen Gebens fragt im Allgemeinen nicht danach, was wir behalten oder welchen Lebensstil wir pflegen. Dementsprechend erliegen wir leicht der Konsumhaltung und es fällt uns schwer, das von der Werbeindustrie verbreitete Durcheinander von Wünschen und Bedürfnissen zu entwirren. Täuferische Gemeinschaften wurden oft mit zwei kontrastgesellschaftlichen Werten in Verbindung gebracht: Einfachheit und Genügsamkeit. Diese Werte wirken sich auf die Ökonomie und die Spiritualität aus. Im Lauf der Geschichte haben Täufer auch die Verzinsung von Krediten und die Ansammlung von Wohlstand infrage gestellt. Sie fragten auch inwiefern es in Ordnung ist, ohne reale Wertschöpfung, zum Beispiel durch Handel, Geld zu verdienen. Diese Bedenken stellen grundlegende Herausforderungen an die derzeitigen ökonomischen Prämissen und

Handlungsweisen dar. Eine Spiritualität der Einfachheit und Genügsamkeit – sozusagen eine Spiritualität des „Genug“ – das mag etwas kontrastgesellschaftliches sein, ist aber auch befreiend.

Viertens: Gegenseitige Hilfe beinhaltet wechselseitiges Geben und Nehmen sowie Beziehung. Das Teilen von Ressourcen ist keine Einbahnstraße, die so oft zu Abhängigkeit und Machtlosigkeit führt. Es geschieht auch nicht anstandshalber oder unpersönlich. Bekannt ist beispielsweise das „Scheunen bauen“ der Amischen. Die Nachbarn tun sich zusammen, um denen zu helfen, die Hilfe benötigen, wohl wissend, dass einer der Helfer der nächste sein könnte, der selber Hilfe benötigt. Oder die Bereitschaft von Mennoniten, in Katastrophengebiete zu gehen, um persönlich praktische Hilfe zu leisten, statt Spenden zu senden.

Täufer haben diese Prinzipien nicht immer hochgehalten oder sie durchweg und kreativ umgesetzt. Und es gibt sie nicht nur in ihrer Tradition. Aber wir haben aus ihr gelernt und „sind entschlossen, Wege zu finden“, die ökonomischen Dimensionen der Nachfolge in der gegenwärtigen Kultur herauszuarbeiten. Und wir wollen darüber hinaus die tiefe Verbindung zwischen Ökonomie und Spiritualität weiter erforschen. Was bedeutet ökonomisch bewusste Nachfolge für uns in Irland und England in der Praxis?

- Nach Alternativen zu Hypotheken zu suchen, um es den Gemeindemitgliedern zu ermöglichen, Häuser zu kaufen.
- Die weit verbreitete Praxis des Zehnten infrage zu stellen als eine Verfälschung biblischer Lehre, als Kapitulation vor dem Individualismus und als Versagen, Fragen der Ungleichheit zu thematisieren.
- In armen Stadtgebieten Gemeindegründungsteams zu bilden, die sich zur gegenseitigen Unterstützung ihrer Mitglieder verpflichten, zur Offenlegung ihrer Finanzen und zu einem „aufgeräumten Leben“.

- Die Auswirkungen der biblischen Prinzipien des *Jubeljahres* und der *Koinonia* (= Gemeinschaft durch Teilhabe) für die Kirche und die Gesellschaft zu untersuchen.[25]
- Langjährige Freunde zu bitten, Verantwortung wahrzunehmen im Bereich der persönlichen Finanzen, um dem Einfluss des Individualismus und der Konsumhaltung entgegenzuwirken.
- Eine besonders starke Betonung der Gastfreundschaft und des gemeinsamen Essens, um Gemeinschaft aufzubauen.
- Aktive Beteiligung an Initiativen und Organisationen, die für eine größere Gerechtigkeit auf lokaler und globaler Ebene eintreten (wie z. B. Jubilee 2000 und Make Poverty History).
- Prophetische Aktionen, wie den „Day of Action" in Westminster, der durch das Buch Ezechiel angeregt und von *Speak* im Jahr 2006 organisiert wurde, um die Aufmerksamkeit auf Fragen der Ungerechtigkeit zu lenken.

Das von Christen vieler Traditionen aufgegriffene Zeugnis der ersten Täufer lautet: Reichtum und Sicherheit können das persönliche und das gemeinsame geistliche Wachstum verhindern. Manche von ihnen, die im Gefängnis waren, berichteten, dass es viel einfacher war, dort drinnen zu beten als draußen. Weniger Ablenkungen, die Furcht vor Folter und Hinrichtung, Hunger und Durst ließen sie leidenschaftlich und ernst beten und Gottes Nähe empfinden. Manche damalige täuferische Autoren bezweifelten, ob Prediger, die vom Staat bezahlt wurden und im Wohlstand lebten, das Wort Gottes wirklich wahrnehmen und predigen konnten. Die täuferische Tradition könnte die Frage in den Raum stellen, ob ein niedrigerer Lebensstandard und weniger Sicherheit letztlich echtes geistliches Wachstum nicht genauso fördern können, wie Predigten zu hören, an Gottesdiensten teilzunehmen oder Retraitehäuser zu besuchen.

Zu einem Aspekt unserer Grundüberzeugungen scheint die historische Täuferbewegung wenig beizutragen. Die Schöpfung zu bewahren war kein Thema, das sie oder andere Christen des 16. Jahr-

[25] Vgl. Kim Tan, *Das Erlassjahr-Evangelium* (Schwarzenfeld, Neufeld Verlag, 2011).

hunderts erörterten. Aber die meisten von ihnen lebten über die Jahrhunderte hinweg auf dem Land, und in vielen heutigen täuferischen Gemeinschaften ist die Verbindung zwischen Spiritualität und Verantwortlichkeit für die Erde stark ausgeprägt. Wir haben die Erfahrung gemacht, dass viele Christen, die sich um die Bewahrung der Schöpfung bemühen, hier eine Geistesverwandtschaft empfinden, und dass täuferische Werte andere dazu ermutigt haben, ernsthaft über dieses Thema nachzudenken. Bis vor kurzem waren der Koordinator des *Ecocongegration Programms*[26] und der Geschäftsführer einer führenden Umweltagentur Mitglieder im Leitungskreis des *Anabaptist Network*.

Zwei täuferische Grundüberzeugungen unterstreichen die Bedeutung der Sorge für die Schöpfung, auch wenn diese bis in die jüngste Zeit nicht auf diese Art und Weise interpretiert worden sind. Die erste betrifft ihre Betonung des Menschseins Jesu. Die Inkarnation bedeutet, dass auch die Materie bedeutsam ist („matter matters"). Die zweite ist der Einsatz für den Frieden, zu dem wir jetzt kommen. Wenn die Mission Gottes in der Versöhnung besteht, dann gilt das nicht nur für die Menschen, sondern für die ganze Schöpfung.

Die siebte Grundüberzeugung:

Frieden ist das Herz des Evangeliums. Als Nachfolger Jesu in einer uneinigen und gewalttätigen Welt suchen wir nach gewaltlosen Alternativen. Wir lernen, wie sich Frieden stiften lässt zwischen einzelnen Menschen, innerhalb und zwischen Kirchen, in der Gesellschaft und zwischen Nationen.

Das Täufertum gehört zu den so genannten „Historischen Friedenskirchen". Friedenskirchen lehnen nicht nur Gewalt in all ihren Formen ab,. Sie sind auch überzeugt, dass Frieden ein grundlegender Bestandteil des Evangeliums ist, und keine nebensächliche, fakultative oder unbedeutende Angelegenheit. Eine Verpflichtung zum Frieden war über Jahrhunderte hinweg charakteristisches Merkmal täuferischer Gemeinden.

---

26 Siehe www.ecocongregation.org

Täufer und Gewaltlosigkeit

So wie auch die ökonomischen Praktiken (Gemeinschaften mit Gütergemeinschaft und gegenseitige Hilfe) ihre Zeitgenossen verstörten, war die Weigerung der meisten Täufer, Waffen in die Hand zu nehmen, gleichermaßen beunruhigend. Von allen Bürgern in Europa wurde erwartet, dass sie ihr Zuhause und ihre Familien verteidigten, der Einberufung zum Kriegsdienst Folge leisteten und die Türken oder andere Angreifer abwehrten. Pazifismus war keine intellektuelle Option, die man folgenlos wählen konnte. Wer sich weigerte, eine Waffe in die Hand zu nehmen, wurde als Feigling und Verräter betrachtet.

Obwohl pazifistische Überzeugungen von Anfang an in der Bewegung präsent waren, machten sich damals nicht alle Täufer diese zu eigen. Manche waren eher als „Schwertler" bekannt und weniger als „Stäbler", und sie waren bereit, unter bestimmten Umständen zu kämpfen. Die meisten hielten an der strikten Trennung zwischen Kirche und Staat fest und betrachteten öffentliche Ämter als unvereinbar mit der christlichen Nachfolge. Und zwar deshalb, weil es nicht zuletzt zu solchen Ämtern gehören konnte, den Einsatz von Gewalt, einschließlich der Todesstrafe, zu genehmigen. Manche hielten es allerdings für möglich, wenn auch schwierig, dass echte Christen auch Richter sein konnten.

In der Mitte des 16. Jahrhunderts war der Pazifismus als eine zentrale täuferische Überzeugung fest verankert. Biblische Auslegung und theologische Argumentation untermauerten diese Position, die, so wurde es erwartet, alle Gemeindeglieder unterstützen sollten. Auch wenn heute ein überzeugter Pazifismus oftmals respektiert wird, wurden die Täufer in der Vergangenheit, und vor allem in Kriegszeiten, für ihre Weigerung zu kämpfen, gegeißelt und bestraft. Gemeindeglieder die sich dem sozialen Druck beugten oder von ihrer Linie abwichen, entschieden sich manchmal zur Teilnahme. Manche täuferische Gemeinden sind heute besorgt dass ihre Verpflichtung zum Frieden andere abschrecken könnte, sich ihnen anzuschließen. Doch viele vertreten weiterhin den Pazifismus und praktizieren ihn.

Die Täufer haben sich auch immer zutiefst jeder Form von religiösem Zwang widersetzt. Ihre eigenen Erfahrungen der Marginalisierung, Diskriminierung und Verfolgung haben sie im Blick auf andere

Minderheiten sensibilisiert. In den Anfängen ihrer Bewegung setzten sie sich für die religiöse Freiheit aller ein – nicht nur für die unterschiedlichen Variationen unter Christen, sondern auch für Juden und Muslime. Aber anders als diejenigen, die meinen, religiöse Freiheit sei unvereinbar mit Evangelisation, waren die Täufer des 16. Jahrhunderts leidenschaftliche Evangelisten. Heute wollen nicht alle diese beiden Dimensionen der Mission zusammenzuhalten. Doch haben manche in jüngster Zeit damit begonnen, sich besonders intensiv mit dem Potenzial des Friedenszeugnisses auseinanderzusetzen. Das geschieht insbesondere auch in Beziehungen zu Muslimen, aber auch mit der Mission der Kirche in einer religiös pluralen und zersplitterten Welt.[27]

Ihre unverwüstliche Verpflichtung zum Frieden als einer wesentlichen Dimension des Evangeliums hebt die täuferische Tradition aus anderen Bewegungen heraus. Eine Reihe von Bewegungen griffen zwar in ihren Anfangsjahren das „christliche Friedenszeugnis" auf, entfernten sich aber in den nachfolgenden Generationen wieder davon. Beispiele dafür sind die *Disciples of Christ* (auch als *Christian Church* bekannt), die *Brüdergemeinden* (*Plymouth-Brüder*) und die *Assemblies of God*. Ihre ersten Generationen, die sich ganz neu mit der Lehre des Neuen Testaments beschäftigten, erkannten wohl sehr oft, dass „Frieden die Mitte des Evangeliums ist", aber diese Überzeugung hatte nur gelegentlich längeren Bestand. Das ist angesichts der Lehre und Praxis der Großkirchen vielleicht auch nicht so überraschend. Über Jahrhunderte hinweg haben sie tödliche Gewalt befürwortet, Waffen für den Krieg gesegnet, für militärische Erfolge gebetet, Siege mit Dankgottesdiensten gefeiert, Missionare unter dem Schutz von Eroberungsarmeen aufmarschieren lassen. Die Kirchen wurden mit den imperialen oder nationalen Interessen so gleich gesetzt, dass sie wirklich darum kämpfen mussten, zwischen politischen und geistlichen Fortschritten zu unterscheiden, oder gar die Allgegenwart des Krieges infrage zu stellen. Natürlich gab es einzelne Stimmen, die

[27] Vgl. zum Beispiel, Badru D. Kateregga & David W. Shenk, *Woran ich glaube: Ein Muslim und ein Christ im Gespräch*. Schwarzenfeld: Neufeld 2005.

Protest anmeldeten, aber die dominanten Stimmen in der Kirche des Westens unterstützten und rechtfertigten den Einsatz von Gewalt.

Frieden, Krieg und Christentum

Das täuferische Friedenszeugnis reicht zurück zu den Lehren und Praktiken der frühen Kirche. Vor der Bekehrung Konstantins gab es sehr unterschiedliche Haltungen zu Krieg und Frieden. Bis ungefähr in das Jahr 170 n. Chr. war die Kirche in Lehre und Praxis im Großen und Ganzen pazifistisch. Das war aus verschiedenen Gründen nachzuvollziehen: Nur wenige Soldaten waren Christen, und die Kirche war eine unbedeutende Gemeinschaft am Rand der Gesellschaft. Es bestanden keine Anreize, in den Krieg zu ziehen. Die Anzeichen sprechen jedoch dafür, dass es mehr grundlegende Einwände gab. Liebe und Töten wurden als nicht vereinbar miteinander betrachtet, und zum Selbstverständnis der Kirche gehörte eine Kultur des Friedens, die dem Vorbild und der Lehre Jesu nachgebildet war.[28]

Zwischen 170 und 313 n. Chr. gab es jedoch Veränderungen. Als die Kirche zahlenmäßig wuchs, sozial akzeptabler wurde und dabei eine immer größere Anzahl von Konvertiten anzog, darunter auch manche aus dem Militär, versuchten viele sowohl gute Christen als auch gute Römer zu sein. Die Kritik ihrer heidnischen Zeitgenossen, sie würden von einem Reich profitieren, für das sie nicht bereit wären zu kämpfen, bewog manche Christen zum Militärdienst. Dies weckte allerdings großen Widerstand auf Seiten der Kirchenführer. Manche, die trotzdem Militärdienst leisteten, weigerten sich aber zu töten. Einige von ihnen wurden aufgrund dieser Haltung hingerichtet.

Die Bekehrung Konstantins führte zu massiven und schnellen Veränderungen im Verhältnis zwischen Kirche und Kriegsführung. Das Kreuz wurde zu einem militärischen Wahrzeichen. Eine große Zahl von Soldaten trat in die boomende Kirche ein. Andere Christen verpflichteten sich in der kaiserlichen Armee. Diese war ja jetzt damit beauftragt, eine zunehmend „christliche" Gesellschaft zu verteidigen.

[28] Siehe dazu auch Alan Kreider, Eleanor Kreider & Paulus Widjaja, *Eine Kultur des Friedens. Gottes Vision für Gemeinde und Welt*. Schwarzenfeld, Neufeld, 2008).

Kirchenführer autorisierten das Töten im Krieg, und sie drohten jedem Soldaten mit der Exkommunikation, der es wagte, seine Waffen niederzulegen. Nur ein knappes Jahrhundert später, im Jahr 416, war es nur noch bekennenden Christen erlaubt, in die Armee einzutreten. Die Kirche hatte ihren Frieden gemacht mit dem Krieg.

Zu Zeiten des konstantinischen Christentums erforderte die Partnerschaft zwischen Kirche und Staat einen neuen Zugang zu der Frage von Krieg und Frieden. In diesem neuen Kontext schien der Pazifismus etwas völlig Unrealistisches zu sein. Aber das Friedenszeugnis der ersten dreihundert Jahre konnte nicht so einfach beiseite gewischt werden. Wie also rechtfertigte die Kirche die Teilnahme ihrer Mitglieder an kriegerischen Unternehmungen?

Die Lösung lieferte der einflussreichste Theologe aus der Frühzeit des konstantinischen Christentums, Augustinus, Bischof von Hippo. Er nahm Ideen aus der heidnischen Philosophie auf und passte sie an, damit sie sich für eine christliche Zuhörerschaft eigneten. Was Augustinus vertrat, wurde später als die Lehre vom „gerechten Krieg" bekannt. Diese Lehre bot der Kirche einen Leitfaden, Kriterien für eine Antwort auf die Frage nach der Rechtmäßigkeit eines bestehenden Konfliktes zu finden. Die Lehre verherrlichte den Krieg in keiner Weise. Sie bestand aber darauf, dass Krieg zuweilen besser sei als zu erlauben, dass Ungerechtigkeit bestehen bleibe oder Eroberer triumphieren könnten. Diese Lehre hatte keine direkte Grundlage in der Schrift oder den Lehren der frühen Kirche. Es scheint, dass Augustinus selber sich auch nicht ganz wohl fühlte in dem Versuch, störende Abschnitte aus dem Neuen Testament zu bagatellisieren. Aber diese Lehre wurde von den Kirchenführern dankbar angenommen, die versuchten, sich mit dem neuen gesellschaftlichen Kontext zu arrangieren, und die sich bemühten, den widerspenstigen heidnischen Adel für sich zu gewinnen. So wurde diese Position zum vorherrschenden Ansatz der Kirche. Entsprechend der Lehre war jetzt Teilnahme an Kriegszügen vertretbar, wenn der Grund dafür gerecht und die dahinter stehenden Absichten gut waren, es vernünftige Erfolgsaussichten gab, die Mittel angemessen erschienen, alle anderen Optionen erschöpft waren und der Krieg durch eine legitimierte Autorität erklärt und geführt wurde.

Auch heute verteidigen manche Christen diese Lehre immer noch als hilfreichen und realistischen Ansatz im Blick auf die Herausforderungen und die Vieldeutigkeit einer gefallenen Welt. Die Leitlinien sind wirklich sehr streng, denn jede der Bedingungen muss erfüllt sein, ehe ein Krieg als gerechtfertigt betrachtet werden kann. Würde man sie rigoros anwenden, müssten nahezu alle in der Geschichte geführten Kriege als ungerecht beurteilt werden. Aber *niemals* hat eine Kirchenleitung einen Krieg, der von *ihrer* Nation erklärt oder geführt wurde, als ungerecht erklärt! Aufgrund dieser Erkenntnis und im Bewusstsein, dass die Kriterien der Vergangenheit nur äußerst schwer auf die gegenwärtigen Szenarien anzuwenden sind, verweigert eine zunehmende Zahl von Christen heute ihre Zustimmung zu diesem Ansatz.

Kaum jemand hegt heute noch irgendeine Sympathie mit einer anderen bedeutenden Form des Krieges in der Zeit des konstantinischen Christentums – dem Kreuzzug oder „Heiligen Krieg". Eine Kriegsform, für die die sonst üblichen Kriterien außer Kraft gesetzt werden konnten, wenn der Feind offensichtlich böse und das Evangelium in Gefahr war. Man kann darüber streiten, ob dieser Ansatz zumindest im Alten Testament eine stärkere biblische Grundlage findet als die Doktrin vom „gerechten Krieg", aber darüber hinaus gibt es kaum etwas, was dafür spricht.

Lernen, wie man Frieden schließt

Es überrascht daher nicht, dass sich heute viele Christen von der Position angezogen fühlen, die von den historischen Friedenskirchen, einschließlich der Täufer, vertreten wird. Manche haben immer noch Bedenken, dass Ungerechtigkeit so lange wächst und gedeiht, bis energisch dagegen vorgegangen wird. Sie sind nicht wirklich davon überzeugt, dass die gewaltlose Intervention so wirkungsvoll sein könnte, wie deren Vertreter behaupten. Andere wiederum verwechseln Pazifismus mit „Passivität". Aber viele stellen die lange gültigen Voraussetzungen und Richtlinien angesichts der Schrecken der modernen Kriegsführung infrage, angesichts des scheinbar endlosen Kreislaufs der Gewalt, der dem „Krieg, der alle Kriege beendete" im 20. Jahrhundert folgte, und angesichts der zunehmenden Skepsis gegenüber den Begründungen zur Kriegsführung von Politikern. Damit ist eine der unheilvollsten Hinterlassenschaften des Christentums gefährdet.

In Gesellschaften, in denen Menschen heute mit oder ohne religiöse Überzeugung nur widerwillig den Einsatz tödlicher Gewalt für eine angeblich „gerechte" Sache befürworten, bietet die täuferische Tradition eine alternative Perspektive. Diese leitet sich nicht ab von den liberalen Werten eines säkularen Humanismus, die eine andere Form des Pazifismus unterstützt haben, sondern vom Vorbild und der Lehre Jesu. Der Pazifismus des Täufertums ist auch kein Beispiel für eine Kirche, die gegenüber einem kulturellen Trend kapituliert, sondern ist eine tief verwurzelte Überzeugung, die in der Glut der Verfolgungen geprüft worden ist und fünf Jahrhunderte überlebt hat.

Es ist das täuferische Friedenszeugnis, das Christen aus vielen anderen Konfessionen anzieht. Nicht alle von ihnen sind überzeugte Pazifisten, aber die meisten sind davon überzeugt, dass „Frieden die Mitte des Evangeliums ist". Die meisten sind überzeugt, dass Christen dazu berufen sind, sich für Frieden und Gerechtigkeit einzusetzen, und dass wir Jesu Beharren darauf, dass wir die Feinde lieben sollen, sehr ernst nehmen sollen. Diese letzte Grundüberzeugung führt aus, was wir heute meinen, wenn wir vom Frieden reden, und sie verpflichtet uns dazu, den Frieden in allen Bereichen des Lebens zu verwirklichen.

Frieden hat natürlich viele Facetten, besonders wenn wir dabei das bemerkenswert reiche Konzept des „Schalom" im Alten Testament im Blick haben. Die biblische Vision der „universalen Wiederherstellung" beinhaltet den Frieden zwischen Gott und Menschheit; die Versöhnung von Feinden; das Heilen von zerbrochenen Persönlichkeiten; das Ausmustern von Kriegswaffen und ihr Umwandeln in landwirtschaftliche Geräte; das Beseitigen von Ungerechtigkeit und Unterdrückung; das Aufblühen von Gemeinschaften; das Befreien der Schöpfung aus ihren Fesseln und die Abschaffung von Krankheit und Tod. Frieden ist die Mitte des Evangeliums, weil die Mission Gottes den Frieden für die ganze Schöpfung bringt.

Die Verpflichtung der Täufer zu Gewaltlosigkeit gründet sich also nicht auf einer naiven Erwartung, Menschen davon überzeugen zu können, einfach nett zueinander zu sein. Wir haben erkannt, dass wir „Nachfolger Jesu in einer zerteilten und gewalttätigen Welt" sind. Und wir sind äußerst realistisch im Blick auf das Böse, das in den Herzen unserer Mitmenschen lauert – wie auch in unseren eigenen Herzen. Das verschafft sich in schrecklichen Gewaltakten Luft. Aber wir sind „Nachfolger Jesu", des Friedensfürsten, und wir haben uns dazu entschlossen zu glauben, dass sein Weg der gewaltlosen Liebe letztlich „realistischer" ist als die Anwendung von Gewalt. Unabhängig davon, ob sich gewaltlose Alternativen kurzfristig oder selbst mittelfristig als effektiv erweisen, sind die Friedenskirchen Zeichen der kommenden Herrschaft Gottes. Wir entschließen uns, uns an der Zukunft auszurichten, in die Gott die Geschichte führt.

Während die Täufer dem Einsatz tödlicher Gewalt, vor allem im Krieg, aber auch im Bereich der Strafjustiz, konsequent widersprachen, hatten sie dagegen oft zu kämpfen, eine überzeugende Antwort auf zwei damit zusammenhängende Herausforderungen zu geben. Wenn man auf den Einsatz von Gewalt verzichtet, bedeutet das nicht, dass die Ungerechtigkeit in vielen Situationen ungehindert weitergehen wird? Und sind gewaltfreie Alternativen wirklich effektiv in der Geschichte?

Täufer haben sich im Lauf der Jahrhunderte angesichts von Ungerechtigkeit der Passivität schuldig gemacht, der Absonderung von der Gesellschaft, der Vermischung von „Gewaltlosigkeit" mit „Widerstandslosigkeit". Sie haben es versäumt, mehr zu sein als bloße Opposition gegen den Krieg. Schuldig geworden sind sie auch eines unverantwortlichen Idealismus und verklärter Formen der Spiritualität. Aber viele haben sich der Grundüberzeugung entsprechend dazu entschlossen, „zu lernen, wie man Frieden schafft" und „gewaltlose Alternativen zu finden". Das sind aktive Verpflichtungen, die uns aus „Passivität" und Rückzug herausholen. Und Täufer standen tatsächlich an der Spitze von Initiativen, um kreative Alternativen zu konventionellen Ansätzen zu entwickeln. Dazu gehören beispielsweise:

- *Christian Peacemaker Teams*, die in Konfliktzonen eingesetzt werden, um diejenigen zu unterstützen, die gewaltfrei für Frieden und Gerechtigkeit in ihrem Umfeld arbeiten.[29] Zwei Mitglieder des *Anabaptist Network* Leitungskreises machten sich während der Fertigstellung dieses Buches auf den Weg zu einem Team in Lateinamerika.
- *Initiativen zur Konflikttransformation*, um Einzelpersonen und Gemeinschaften in Methoden und Haltungen zu trainieren, die ihnen helfen, mit Konflikten kreativ umzugehen. Damit werden Konflikte eher als verändernd statt als destruktiv erlebt. Das ComPax Programm des Institutes für Konflikttransfomation hat, wie das *Bridge Builder*-Programm aus dem *London Mennonite Centre,* beispielsweise in diesem Bereich beträchtliche Erfahrung.[30]
- Bei „Peacemakers“ handelt es sich um ein Programm für Kinder-Ferienclubs, das von Mitgliedern des *Anabaptist Network* entwickelt und als Pionierprojekt in einer multikulturellen innerstädtischen Gemeinschaft durchgeführt wurde. Es hat den Kindern geholfen, Versöhnung und Friedensstiften kennenzulernen, und wurde in jüngster Zeit von einigen örtlichen Schulen übernommen.
- *Opfer-Täter-Ausgleich* und andere Programme oder Ansätze der restaurativen Gerechtigkeit (*restorative justice*) die konstruktive Alternativen zu anonymen und vergeltenden Ansätzen im Blick auf die Bestrafung von Kriminalität bieten.[31] Mitglieder der *Anabaptist Association of Australia and New Zealand* waren intensiv an diesen Entwicklungen beteiligt.

Solche „Friedensinitiativen“ werden manchmal für ihre gut gemeinte aber gefährliche Naivität kritisiert. Die Vorreiter und Wegbereiter dieser Alternativen zu herkömmlichen Verfahren gestehen zu, dass

---

[29] Siehe www.cpt.org und Kathleen Kern, *In Harm's Way: A History of Christian Peacemaker Teams* (Eugene, OR: Cascade, 2008).

[30] Siehe www.compax.org; http://www.bbministries.org.uk

[31] Siehe www.vorp.com und Howard Zehr, *Fairsöhnt: Restaurative Gerechtigkeit, Wie Opfer und Täter heil werden können.* Schwarzenfeld: Neufeld 2010.

Fehler gemacht worden sind, und dass sich ihre Methoden immer noch in der Entwicklungsphase befinden. Und die langfristigen Auswirkungen dieser relativ neuen Ansätze sind zwangsläufig noch nicht überprüfbar. Aber einige dieser Programme laufen bereits lange genug, um ihr Potenzial zu erkennen und ihre Prinzipien werden bereits von anderen aufgegriffen. Im Vergleich zu militärischen und vergeltenden Verfahren sind sie zwar nur unzureichend ausgestattet, aber diese friedensstiftenden Initiativen beginnen schon Früchte zu tragen.

Es gibt tatsächlich zunehmend Belege dafür, dass gewaltfreier Widerstand politische und soziale Veränderungen beschleunigen kann, und dass restaurative und relationale Ansätze im Blick auf Kriminalität und Ungerechtigkeit den Opfern und der gesamten Gesellschaft mehr zu bieten haben. Und es ist ausreichend belegt worden, dass vergeltende und gewalttätige Methoden ineffektiv sind und weiterer Gewalt und Kriminalität Vorschub leisten. Das wird allerdings von denen, die immer noch in den konventionellen Bahnen denken und reagieren, ignoriert. Es wäre an der Zeit, den friedensstiftenden Initiativen eine Chance zu geben, um zu zeigen, was sie erreichen können.

Alternativen zur herkömmlichen Auffassung aufzugreifen, erfordert Mut, Vorstellungskraft und Ausdauer. Denn in unserer Kultur ist das zutiefst verankert, was Walter Wink als den „Mythos von der erlösenden Gewalt" bezeichnet.[32] Dieser Mythos wurde während der christlich-konstantinischen Ära verbreitet, und es wurde ihm eine einflussreiche theologische Unterstützung zuteil. Der Niedergang des konstantinischen Christentums bietet eine Möglichkeit, diesen Mythos und seine zugrundeliegende Theologie infrage zu stellen. Es bietet sich die Chance, kreative Alternativen zu entwickeln, die in einer gespaltenen Welt Hoffnung anbieten – einer Welt, die der Gewalt überdrüssig ist, und die jetzt bereit sein könnte, andere Wege der Konfliktlösung zu bedenken.

Weil Konflikte so facettenreich sind, müssen es unsere Antworten ebenfalls sein, wenn wir nach Strategien suchen, um Frieden zu stiften „zwischen einzelnen Menschen, innerhalb und unter den Kirchen, in

[32] Siehe Walter Wink, *Engaging the Powers: discernment and resistance in a world of domination* (Minneapolis: Fortress Press, 1992).

der Gesellschaft und zwischen Nationen". Wir können nicht darauf warten, bis die Kirchen gelernt haben, wie man kreativ mit Konflikten umgeht. Doch es ist wesentlich, dass wir unsere eigenen Häuser in Ordnung bringen, wenn wir auf glaubwürdige Weise Konflikte in anderen Kontexten ansprechen wollen. Die täuferische Bewegung hat im Verlauf der Jahrhunderte nicht wenige innere Konflikte erlebt, die manchmal auch zu Trennung und Verbitterung geführt haben. Von daher beinhaltet ihr Beitrag zu den gegenwärtigen friedensstiftenden Initiativen sowohl heilsame Warnungen wie auch ermutigende Beispiele. Aber sie hat, im Unterschied zu den meisten anderen christlichen Traditionen, diejenigen nicht getötet, mit denen sie sich zerstritten hat. Und die täuferische Tradition ist eine ungewöhnlich wirksame Ressource für zukünftige Friedensstifter. Das ist sie, weil sie uns zurückverweist auf das Leben und die Lehre Jesu, und weil sie uns historische Beispiele liefert für einen gewaltfreien Widerstand, die Feindesliebe und den Kampf darum, treu zu bleiben.

Dirk Willems ist eine Ikone der Täufertradition. Er war Mitglied einer Untergrundkirche in Asperen in den Niederlanden in der zweiten Hälfte des 16. Jahrhunderts. Verhaftet und eingesperrt, gelang es ihm doch irgendwie zu fliehen. Bei seiner Flucht über einen zugefrorenen Kanal hörte er das Eis hinter sich brechen und kehrte um, um einen der Häscher, die hinter ihm her waren, aus dem eisigen Wasser zu retten. Dieser Akt der Barmherzigkeit kostete Dirk sein Leben. Er wurde sofort wieder verhaftet und bald darauf auf dem Scheiterhaufen verbrannt. Täufer machten sich über diese Geschichte Gedanken und fragten sich, warum Dirk kehrtmachte. Viele kamen zu dem Ergebnis, dass diese instinktive Reaktion (es war keine Zeit für eine genaue Analyse der Pros und Kontras) das Ergebnis einer Erziehung durch eine Gemeinschaft war, in der die Liebe zu den Feinden als normativ für einen Nachfolger Jesu angesehen wurde.

Vielleicht besteht dann einer der ersten Schritte auf dem Weg, „Frieden schaffen zu lernen" und „gewaltfreie Alternativen zu finden", darin, „Friedenskirchen" zu entwickeln, die unkonventionelle Reflexe fördern und unsere Phantasie dazu befreien, kreative Möglichkeiten zu erkunden. Ich wurde schon einige Male gefragt, wie ich reagieren würde, wenn jemand in mein Haus einbrechen und jemanden bedrohen würde, den ich liebe. Das ist ja eine bekannte Fragestellung an Pazifisten. Meine Antwort darauf lautete, dass es einige Dinge gibt, von denen ich weiß, dass ich sie nicht tun würde. Ich würde den- oder diejenigen nicht erschießen, denn ich besitze keine Schusswaffe. Aber ich weiß nicht, wie ich reagieren würde. Meine Hoffnung ist, dass ich „gelernt habe, Frieden zu schaffen" durch meine Beschäftigung mit der Schrift und der Tradition der Täufer, und dass ich in der Lage sein würde, einen kreativen und gewaltfreien Weg zu finden, um zu reagieren.

Vielleicht bedeutet der Weg nach vorne ja, einige kleine Schritte zu machen, die ihrerseits zu größeren und aufwändigeren Schritten inspirieren. An der Wand meines Büros hängt ein Poster, das für „einen bescheidenen Vorschlag zum Frieden" eintritt. John Stoner, schlug 1984 vor: „Lasst die Christen in der Welt sich darin einig werden, einander nicht umzubringen." Diesen Vorschlag habe ich in verschiedenen Kontexten getestet, und die Reaktionen darauf waren sehr interessant. Ganz oft haben Menschen eine Weile gebraucht, um die Auswirkung und beunruhigende Bedeutung dieses Vorschlags zu begreifen. Die meisten stimmten darin überein, dass sie keine Mitglieder ihrer eigenen Gemeinde töten sollten. Dann weiteten sie das auf andere Gemeinden inner- und außerhalb ihrer Denomination aus. Aber was war mit Christen aus anderen Nationen, die in Kriegsgebieten lebten, oder christlichen Soldaten in feindlichen Armeen? Und wie wissen wir, wer die christlichen Soldaten oder Zivilisten in Kriegsgebieten sind? Und warum sollten wir den Christen eine bevorzugte Behandlung zukommen lassen? Allmählich dämmerte uns die Herausforderung dieses „bescheidenen Vorschlags“.

Fazit

Die Fragen der „Vorsorge“ und des „Schutzes“ sind in allen Gesellschaften von fundamentaler Bedeutung. Weil sie einige unserer wichtigsten Grundbedürfnisse betreffen, rufen Debatten darüber heftige Reaktionen hervor, vor allem, wenn die herrschenden Normen und Voraussetzungen infrage gestellt werden. Aber solche Debatten dürften sowohl zeitgemäß wie auch notwendig sein in einer Gesellschaft, in der die lange gehegten Auffassungen von effizienter Gewalt oder Gewaltandrohung nicht mehr so selbstverständlich für zutreffend gehalten werden. Diese Debatten sind erforderlich in einer Gesellschaft, deren zweifelhafte Selbstregulierungskräfte des Marktes auf der Basis von privatem Wohlstand und Eigeninteresse beruhen. Vielleicht ist ja letzten Endes eine Gesellschaft, die ihre Konsumhaltung auch militärisch absichert, instabil. Und vielleicht bietet der Zerfall des konstantinischen Christentums den Christen im Westen die Möglichkeit, diese Fragen neu zu überdenken und sich von unserer Verschränkung von Reichtum und Gewalt zu distanzieren.

Wenn dem so ist, dann bietet die täuferische Tradition Einsichten und Ressourcen, die viele als hilfreich empfinden. Aber es ist angebracht, jetzt, wo wir unsere Beschreibung dieser sieben Grundüberzeugungen abschließen, erneut darauf hinzuweisen, dass die Täuferbewegung nur eine der vielen Traditionen darstellt, auf die wir zurückgreifen können, wenn wir entdecken wollen, was es bedeutet,

Nachfolger Jesu in einer sich verändernden Welt zu sein. Und die täuferische Tradition besitzt Mängel und Schwächen. Dessen sollten sich alle, die sich mit ihr identifizieren, bewusst sein. Und sie dürfen auch dankbar sein für Einsichten aus anderen Traditionen.

Im letzten Kapitel wollen wir, ganz im Sinne von „*Nackter Glaube*", einige der Schandflecke und Mängel des Täufertums offenlegen, aber zunächst geht es um einen Überblick über die Geschichte der Bewegung. Manche Leser möchten dieses historische Kapitel vielleicht lieber auslassen; andere sehen darin möglicherweise aber einen hilfreichen Rahmen, um verschiedene Aussagen in den letzten Kapiteln mit den Praktiken der Täufer im Verlauf der Jahrhunderte in Verbindung zu bringen.

KAPITEL 6

Die historischen Täufer

In den letzten vier Kapiteln wurden die Überzeugungen und Verpflichtungen von Christen, die sich heute mit der Tradition der Täufer identifizieren, erläutert. Zu Beginn des 21. Jahrhunderts wurde von britischen und irischen Nachfolgern Jesu der Versuch unternommen, die täuferische Vision der Täufer zu interpretieren, deren Wesen herauszufiltern und den „nackten Glauben" für den aktuellen Kontext einzukleiden. Aber ist das eine authentische Interpretation? Wie ist sie mit den Interpretationen anderer in Einklang zu bringen, die in den letzten fünf Jahrhunderten ihr Leben und ihre Gemeinschaft in Anlehnung an die täuferische Vision gestaltet haben? Und wie treu spiegelt sie die Vision und die Werte der ursprünglichen Täufer wider?

Wir waren uns durchaus der Gefahr bewusst, die täuferische Vision so zu interpretieren, dass sie am Ende das sagt, was wir darin lesen wollen, doch es gibt keine Garantie, nicht doch in diese Falle geraten zu sein. Wir haben einige Vorsichtsmaßnahmen ergriffen. Wir haben Verbindungen unterhalten mit mennonitischen Gemeinden in Europa und Nordamerika, und von Zeit zu Zeit haben wir eine Gemeinschaft besucht, die den Hutterern nahe steht. Diese historischen Ausdrucksformen des Täufertums können uns dabei helfen, wahrzunehmen, an welcher Stelle wir uns von der Originalversion entfernt oder wo wir sie verfälscht haben. Und wir achten darauf, die Geschichten der Täufer des 16. Jahrhunderts immer wieder zu erzählen, sodass wir unsere Überzeugungen und Prioritäten an ihren überprüfen können.

Mennoniten, Hutterer und Amische Gemeinschaften haben das Täufertum auf ganz unterschiedliche Art und Weise ausgelegt und dabei über die Jahrhunderte an einigen Praktiken festgehalten und andere übernommen. Wir fühlen uns nicht dazu verpflichtet, alles, was sie tun, zu kopieren oder mit all ihren Interpretationen übereinzustimmen, aber wir schätzen ihre Erfahrung und wollen daraus lernen. Ohne diese Gesprächspartner werden jene Christen, die sich von der Täuferbewegung angezogen fühlen, anfällig dafür, sie zu idealisieren und zu romantisieren. Der abschließende Teil dieses Kapitels zollt diesen Gemeinschaften Achtung und zeigt einige der Wege, auf denen sie uns inspirieren, herausfordern und auch stören.

Aber auf jeden Fall ist es zunächst einmal wichtig, auf die ursprünglichen Täufer zurückzublicken, an denen sich all diese Gemeinschaften und diejenigen, die sich mit der täuferischen Tradition identifizieren, orientieren. Wer waren sie? Was glaubten sie? Welche Hoffnungen und Träume hatten sie? Warum wurden sie verfolgt? Warum blieben sie, angesichts von Widerstand und Leiden, bestehen? Was hinterlassen sie zukünftigen Generationen als Erbe?

Täufer treten in Erscheinung

Die „Bewegung" der Täufer in der ersten Hälfte des 16. Jahrhunderts vereinigte sich nach und nach aus verschiedenen Initiativen. Lokale Faktoren beeinflussten ihre Form und ihre Prioritäten, daher war das, was dort entstand, keineswegs einheitlich. Aber als sich die Nachrichten über diese Entwicklungen verbreiteten und sich die Vertreter dieser Gruppen gegenseitig besuchten, wurde ihnen klar – und auch der zunehmend beunruhigten Obrigkeit –, dass es unter diesen regionalen Variationen eine tieferliegende grundsätzliche Einheit gab und viele gemeinsame Überzeugungen.

Diese gemeinsamen Überzeugungen können ganz unterschiedlich erklärt werden: als ein Zeichen für die Inspiration dieser Initiativen durch den Heiligen Geist; als eine Auswirkung des Bibellesens, das ohne ordnungsgemäße Kontrolle geschah und in dessen Folge sie sich überlieferten kirchlichen Praktiken verweigerten, für die sie dort keine Begründung fanden; als Reaktion auf die sozialen, ökonomischen und politischen Umwälzungen, die über Europa hinwegfegten; oder, wie ihre Gegner behaupteten, als Beweis dafür, dass sie alle getäuscht und betrogen worden waren.

Es gibt sicher auffällige Übereinstimmungen zwischen diesen Überzeugungen und anderen nonkonformistischen Gruppen aus den Jahrhunderten zuvor, die es ebenfalls gewagt hatten, die Bibel ohne Rücksicht auf die offiziellen Interpretationen zu lesen. Diese „ketzerischen" Ideen tauchten im Verlauf der christlich-konstantinischen Ära immer wieder auf, trotz der entschlossenen Versuche der Obrigkeiten, sie mit der Wurzel auszurotten. Bis dahin war die von Hand abgeschriebene Literatur der Nonkonformisten relativ leicht zu unterdrücken gewesen, aber den Täufern stand nun die neue Technologie des Buchdrucks zur Verfügung. Fließbandartig produzierten Untergrunddruckereien Traktate, verbreiteten ihre Ansichten, verbanden die verschiedensten Gruppen miteinander und behinderten Versuche, sie zum Schweigen zu bringen.

Die Bedeutung der Täuferbewegung beschränkt sich nicht auf das 16. Jahrhundert: Sie war quasi die Erbin vieler zum Schweigen gebrachter und verfolgter Christen in früheren Jahrhunderten, die sich ebenfalls nach der Wiederherstellung einer unverfälschten Nachfolge gesehnt hatten. Aber wir haben die täuferische Bewegung auch aus ihrem unmittelbaren Kontext heraus zu verstehen. Europa lag in den Geburtswehen gewaltiger kultureller Veränderungen, die die jahrhundertelangen politischen, ökonomischen, sozialen und religiösen Übereinkommen mächtig durcheinander brachten. Das waren im Einzelnen:

- Der mittelalterliche Feudalismus machte dem Kapitalismus Platz und eine neue städtische Mittelklasse gewann an Einfluss und bedrohte die althergebrachten sozialen Machtstrukturen.
- Der Nationalismus wurde zu einer unaufhaltsamen Kraft, als Hunderte von Fürstentümern und eine ganze Reihe freier Städte mit dem alten Heiligen Römischen Reich um die Herrschaft wetteiferten.
- Diese ökonomischen und politischen Veränderungen führten zu schlimmem Elend unter den Bauern, was zu einer

großflächigen aber kurzlebigen Revolte Mitte der 1520er-Jahre führte.

- Versuche, die außerordentlich reiche, bürokratische und korrupte institutionelle Kirche zu reformieren, waren ohne Erfolg geblieben, aber die Forderungen nach einer Reform blieben hartnäckig bestehen.

Die Täuferbewegung entstand auf dem Rücken zweier ziemlich unterschiedlicher Ansätze, Kirche und Gesellschaft zu verändern.

1517 verfasste und verbreitete Martin Luther 95 Thesen, in denen er die Beseitigung von Missständen und eine umfassende Reformation der katholischen Kirche forderte. Auch wenn er diese Thesen angeblich an die Tür der Schlosskirche in Wittenberg nagelte, so nutzte Luther doch die neue Buchdrucktechnik, um sie zu vervielfältigen und in ganz Europa zu verbreiten. Da er die Unterstützung und den Schutz des Kurfürsten von Sachsen genoss, konnte Luther allen Versuchen des Papstes und des Kaisers widerstehen, ihn zur Rechenschaft zu ziehen. Dies war der Beginn der protestantischen Reformation, die sich schnell in ganz Europa ausbreitete und die in der Aufspaltung des Christentums endete. Das war allerdings nicht die Absicht Luthers gewesen. Er wollte die Kirche reformieren, nicht spalten. Aber die katholische Kirche konnte nicht schnell oder kreativ genug darauf reagieren, um dies zu verhindern: Ab den 1560er-Jahren konnte die so genannte „Gegenreformation" die Initiative in einigen Gebieten wieder zurückerlangen, aber Europa war von da an aufgespalten in protestantische und katholische Gebiete.

Als sich in den frühen 1520er-Jahren die Reformstimmung ausbreitete, war neben den kirchlichen Reformationsbemühungen auch der Ruf nach sozialen Reformen durch Anführer der Bauern zu vernehmen. Wie die Täuferbewegung gegen Ende dieses Jahrzehnts, entstand auch die Bauernbewegung plötzlich an unterschiedlichen Orten und entwickelte sich nur nach und nach zu einer gemeinsamen Angelegenheit. Die Bauern legten den Obrigkeiten Forderungen vor, die auf den Lehren des Neuen Testaments beruhten und begannen damit, sich in gewaltfreien Formen des zivilen Ungehorsames zu engagieren.[33] Als die Bewegung sich ausbreitete und lokale Proteste zu regionalen Protesten wurden, wuchs die Unruhe unter der Obrigkeit und sie verschärfte ihre Maßnahmen. Die Bauern hofften auf die Unterstützung durch Luther und seine Kollegen. Doch zu ihrer Bestürzung veröffentlichte Luther ein schroffes Traktat, *Wider die räuberischen und mörderischen Rotten der andern Bauern*, in dem er die Obrigkeiten aufforderte, diese Bewegung zu zerschlagen. Ein oder zwei mit Luther zerstrittene Reformatoren, – am berühmt-berüchtigtsten Thomas Müntzer – schlossen sich den Bauern an. Die Bewegung wurde jedoch unter anderem in der Schlacht bei Frankenhausen im Jahr 1525 zerschlagen.

Einige der ersten Täufer hatten sich an Luthers Reformbewegung beteiligt, nicht zuletzt auch mehrere Kollegen von Ulrich Zwingli in Zürich. Aber das langsame Vorankommen frustrierte sie und sie zogen ihre Unterstützung zurück, um eine radikalere Vision zu verwirklichen. Andere fanden sich in der Bauernbewegung wieder, zu der auch die Flüchtlinge aus dem Desaster von Frankenhausen gehörten. Ihnen wurde schließlich klar, dass keine Aussicht bestand, die politischen und ökonomischen Veränderungen umzusetzen, für die sie gekämpft hatten. Daraufhin entschlossen sie sich, ihre Vision von einer gerechten und einträchtigen sozialen Gemeinschaft auf andere Art und Weise zu verwirklichen. Die Täuferbewegung entstand, als verstreute Gruppen gemeinsam nach alternativen Strategien suchten und damit Männern und Frauen neue Hoffnung boten, die von anderen Experimenten, Kirche und Gesellschaft zu reformieren, enttäuscht waren.

Täufer in der Schweiz

Am Abend des 21. Januar 1525, kaum acht Jahre nach dem Beginn der protestantischen Reformation, traf sich eine kleine Gruppe von Christen heimlich in einem Haus in Zürich, um miteinander zu reden und zu beten. Sie waren begeisterte Anhänger Ulrich Zwinglis, dem Pfarrer des Großmünsters (der Hauptkirche in der Stadt), der ver-

33 Die Verbindungen zum Täufertum erläutert James Stayer, *The German Peasants' War and Anabaptist Community of Goods* (Montreal/Kingston: McGill-Queen's University Press, 1991).

suchte, sowohl die Kirche als auch die Stadt Zürich zu reformieren. Sie hatten zusammen mit ihm die Bibel gelesen, seinen Predigten aufmerksam zugehört, teilten seine Überzeugungen und unterstützten sein Reformprogramm. Aber jetzt waren sie zutiefst beunruhigt durch seinen offensichtlichen Widerwillen, das zu Ende zu führen, was er gepredigt hatte und in einer Reihe von Fragen das umzusetzen, was sie als eindeutige biblische Lehre betrachteten – einschließlich der Glaubenstaufe statt der Kindertaufe.

Zwingli hatte sich auf eine stadtweite Reformation festgelegt, für die er die Unterstützung des Stadtrates benötigte. Es war seine Aufgabe, so glaubte er, für die Reformation auf der Basis der Schrift einzutreten, aber der Rat musste entscheiden, wie und wann diese Reformen eingeführt werden sollten. Zwingli weigerte sich, zu starken Druck auszuüben oder zu schnell voranzugehen, um die weltliche Obrigkeit nicht vor den Kopf zu stoßen. Aber einige seiner Anhänger waren nicht bereit, diese langsame Gangart einzuschlagen. Und ihrer Meinung nach musste eine Reform auch nicht von der Obrigkeit autorisiert werden. Während der letzten beiden Jahre hatten sie ein schnelleres und radikaleres Vorgehen gesucht. Der Stadtrat hatte öffentliche Debatten organisiert, um die Argumente eingehend zu prüfen und unterstützte dann, wenig überraschend, Zwinglis stärker abgestuftes Programm.

Die Radikalen waren damit nicht zufrieden und gelangten zu der Überzeugung, jetzt nur noch die Wahl zu haben, entweder dem Stadtrat oder Gott zu gehorchen. Das Treffen am 21. Januar war der Höhepunkt monatelangen Bibellesens und Diskutierens, in dessen Verlauf die Frage der Taufe in den Vordergrund gerückt war. Einige der Anwesenden hatten bereits Strafen riskiert, weil sie sich geweigert hatten, ihre Kinder taufen zu lassen. Jetzt aber zogen sie einen noch radikaleren Schritt in Erwägung. Die Bibel, so ihre Überzeugung, lehrte, dass Glaubende getauft werden sollten. Sie waren alle als Kinder getauft worden, aber jetzt betrachteten sie das als unbiblisch und unwirksam. Also wollten sie als Glaubende getauft werden, als Männer und Frauen, die sich frei dazu entschieden hatten, Nachfolger Jesu zu werden, und die die Kosten der Nachfolge überschlagen hatten. Dieser radikale Schritt würde sie in der Tat sehr teuer zu stehen kommen. *Sie* haben ihrer Taufe als Kinder keine Bedeutung zugestanden, aber in den Augen der Obrigkeit war das, was sie in Erwägung zogen, eine „Wiedertaufe" – ein Vergehen, das mit der Todesstrafe bestraft wurde.

Warum zog die Wiedertaufe eine solch harte Bestrafung nach sich? Weil sie das Herz des christlich-konstantinischen Systems traf. Es rüttelte an der Idee einer Territorialkirche, der alle Bürger von Geburt an angehören. Und das drohte die Gesellschaft zu spalten. Es war so hochverräterisch wie regelwidrig und entsprach nicht dem rechten Glauben. Das bereits viele Jahrhunderte zuvor erlassene entsprechende Gesetz hatte damals die Bedrohung durch die Donatisten in Nordafrika abwehren sollen. Nach wie vor konnte es gegen jeden, der es wagte sich wieder taufen zu lassen, eingesetzt werden. Die Behauptung, es würde sich um eine Taufe, nicht jedoch um eine *Wieder*taufe handeln, würde keinen Schutz bieten. Darum konnte man diesen Schritt nicht leichten Herzens gehen.

Aber nach einer Zeit der Gewissenserforschung und des leidenschaftlichen Gebets, „stand Jörg [Blaurock] auf und bat Konrad Grebel flehentlich, ihn um Gottes Willen zu taufen, mit der wahren christlichen Taufe aufgrund seines Glaubens und seiner Erkenntnis. Und als er mit einer solchen Frage und solchem Begehren niederkniete, taufte Konrad ihn". Mit diesen berühmten Worten berichtet das *Geschicht-Buch der Hutterischen Brüder* über den ersten Fall einer Glaubenstaufe in der Zeit der Reformation und den Beginn dessen, was bald darauf als Täuferbewegung bekannt wurde.

Die in Zürich beheimateten Täufer wurden als Schweizer Brüder bekannt und Jörg Blaurock und Konrad Grebel waren zwei der ersten Leiter. Grebel war der Sohn eines Stadtrates, der zum inneren Kreis um Zwingli gehörte, Blaurock ein ehemaliger katholischer Priester. Es gab weitere bedeutende Figuren: Felix Manz, ein Bibelgelehrter und Anhänger Zwinglis. Er war der erste Täufer, der von den städtischen Behörden hingerichtet und im Fluss Limmat ertränkt wurde. Simon Stumpf, Pfarrer in der Ortschaft Höngg, stiftete seine Gemeinde dazu an „Götzen"-Bilder und -Statuen in der Pfarrkirche zu zerstören. Margaret Hottinger war eine charismatische Evangelistin aus Zollikon, die verhaftet und schließlich wegen ihres Glaubens ertränkt wurde.

Wilhelm Reublin, Pastor in der Nachbarstadt Witikon, drängte seine Gemeindemitglieder dazu, die Abgabe des Zehnten zu verweigern.

Mit der Hinrichtung von Manz im Januar 1527, kaum zwei Jahre nach den ersten Taufen, wollten die Stadtoberen demonstrieren, dass sie diese radikale Bewegung nicht tolerieren würden. Wohin die Täufer auch gingen, wurden sie verfolgt. Aber längst hatte sich die Bewegung über die Stadtgrenzen hinaus ausgebreitet und auch auf dem Land Wurzeln geschlagen. Zum einen geschah dies, weil die Gruppe in Zürich sich dazu entschlossen hatte, überall zu evangelisieren. Zum anderen kam es dazu, weil die aus der Stadt ausgewiesenen Täufer sich in den Nachbarstädten und den Dörfern wiederfanden. In Zollikon, vor den Toren Zürichs, wurden viele unter dem Eindruck tiefster Überzeugung und geistlicher Erneuerung getauft, und trotz Verhaftung und Gefängnis blühte dort das Täufertum auf.

Innerhalb weniger Monate hatte sich die Bewegung ostwärts bis nach St. Gallen und Appenzell ausgebreitet, westlich bis nach Basel und Bern, nördlich nach Hallau, Schaffhausen und über die Grenze in das katholische Gebiet nach Waldshut. Gerade Waldshut war bereits auf dem Weg zu einer Reformation unter der Führung von Balthasar Hubmaier, einem ehemaligen katholischen Priester, der an den öffentlichen Debatten in Zürich teilgenommen hatte, und der zum führenden Theologen innerhalb der Täuferbewegung werden sollte. Die Stadt war auch in die Bauernbewegung verwickelt und unterstützte sie mit Nachschub und Truppen. Grebel und Reublin besuchten Hubmaier mehrfach, und am Ostersonntag 1525 taufte Reublin ihn. Hubmaier taufte daraufhin 300 andere Personen, und binnen kurzem waren die meisten Einwohner und Stadträte getauft worden, sodass die Stadt, wenn auch nur kurzfristig, zur einer „Täuferstadt" wurde.

Öffentliche Unterstützung für die Täuferbewegung gab es auch in Hallau, einer anderen Stadt, die mit den Bauern sympathisiert hatte und in der die meisten Einwohner von Reublin und seinem Kollegen Johannes Brötli getauft worden waren. Hier, wie auch an anderen Orten, überschnitten sich Täufer- und Bauernbewegung, die gemeinsame Anliegen erkannten und sich gegenseitige Unterstützung anboten. Entgegen häufiger Behauptungen war die Täuferbewgeung in ihren Anfängen keineswegs separatistisch oder von der Gesellschaft zurückgezogen.

Aber mit dem Ende des Jahres 1525 war die Bauernbewegung zerschlagen und die Obrigkeit entschlossen, jeder weiteren Bedrohung der Ordnung ein Ende zu bereiten, auch der Täuferbewegung. Die Aussichten auf noch mehr „Täuferstädte" schienen nun sehr gering zu sein. Hubmaiers Schriften und sein späterer Dienst in Böhmen legen nahe, dass er diesen Traum niemals aufgegeben hat. Die meisten Täufer jedoch erkannten, dass sie nur überleben und ihren Traum verwirklichen konnten, indem sie abgesonderte Untergrundgemeinschaften bildeten.

Im Februar 1527 trafen sich Vertreter der verstreuten täuferischen Gemeinschaften in der Ortschaft Schleitheim. Das Ergebnis ihrer Gespräche war das *Schleitheimer Bekenntnis* – sieben Artikel, in denen die charakteristischen Überzeugungen der Schweizer Brüder dargelegt wurden. Diese Artikel waren, was angesichts der Umstände nicht überrascht, entschieden separatistisch und kompromisslos im Ton. Dennoch sind sie durch und durch pazifistisch. Dieses Bekenntnis sollte zum Fixpunkt für die meisten schweizerischen Täufer werden, obwohl manche, einschließlich Hubmaier, einigen seiner Aussagen widersprachen. Sehr wahrscheinlich war Michael Sattler, ein ehemaliger Prior des Klosters St. Peter in der Nähe von Freiburg, der während des Jahres 1526 zu einem der Anführer der Täufer wurde, der Autor.

Wenn es schon gefährlich war, ein Täufer zu sein, so war es noch wesentlich riskanter, ein Täuferführer zu sein. Die Obrigkeit nahm die Leiter ins Visier und nur wenige überlebten das längere Zeit. Manz und Grebel waren bereits tot (Grebel starb 1526). Sattler wurde gefoltert und im Mai 1527 in Rottenburg auf dem Scheiterhaufen verbrannt. Hubmaier wurde in Wien inhaftiert, gefoltert und im Mai 1528 lebendig verbrannt. Blaurock, der als Evangelist und Seelsorger in Tirol tätig war, wurde dort 1529 hingerichtet. Es gab keine sicheren Orte mehr. Katholische und protestantische Obrigkeiten verhafteten, bestraften, folterten und exekutierten die Täufer gleichermaßen – die Katholiken verbrannten sie für gewöhnlich, während die Protestanten sie enthaupteten oder ertränkten.

Einige Schweizer Täufer überlebten, indem sie in den Untergrund gingen, vor allem in den abgelegenen ländlichen und Gebirgsgegenden. Einige wenige Gemeinschaften haben bis heute überlebt, es sind die Schweizer Mennoniten. Aber die meisten emigrierten schließlich auf der Suche nach einem Zufluchtsort. Viele flohen in den Osten nach Böhmen, wo sie sich mit aus anderen Teilen Europas geflohenen Täufern, zusammenschlossen. Aber manche reisten auch nach Norden oder Westen, nach Deutschland und in die Niederlande und evangelisierten unterwegs. Eine sehr schillernde Figur aus Deutschland, die dem Täufertum durch Schweizer Missionare nahe gekommen zu sein scheint, war Margaret Hellwart. Sie wurde wiederholt an den Boden ihrer Küche angekettet, um zu verhindern, dass sie ihre Nachbarn mit ihren täuferischen Ansichten verseuchte.

In Deutschland und den Niederlanden trafen die auswandernden Schweizer Brüder auf andere täuferische Gemeinschaften, die sich von ihnen unterschieden und doch erkennbar Mitglieder der gleichen Bewegung waren. Aber diese Gebiete boten immer nur eine zeitweise Zuflucht, und so fanden sie die Freiheit, ihren Glauben zu praktizieren, erst, als sie schließlich nach Pennsylvania und andere Gegenden in Nordamerika emigrierten. Die meisten kennt man heute als Mennoniten, da sie den Namen übernommen haben, der den Täufern in den Niederlanden gegeben wurde, auch wenn eine Spaltung im späten 17. Jahrhundert eine konservative Splittergruppe hervorbrachte, die sich den Namen „Amische" gab, nach ihrem Gründer Jakob Ammann.

Täufer in Süddeutschland und Österreich

In Süddeutschland und Österreich entstanden täuferische Gemeinschaften schon kurze Zeit nach den ersten Taufen in Zürich und bevor sich die Bewegung in schweizerischen Städten und Dörfern ausbreitete. Die Leiter dieser Gemeinschaften wussten von den Schweizer Brüdern. Hans Denck, eine täuferische Schlüsselfigur in Süddeutschland, hatte die Täufer in St. Gallen besucht, ehe er sich taufen ließ. Er traf sich auch 1525 mit Balthasar Hubmaier in Augsburg und 1526 in Straßburg mit Michael Sattler. Aber in ihren Ursprüngen und Ausdrucksformen unterschieden sich das süddeutsche und österreichische Täufertum deutlich vom Schweizer Täufertum.

Thomas Müntzer wurde zuvor schon als ein Reformator erwähnt, dessen Ansichten allmählich immer radikaler und für Martin Luther immer weniger akzeptabel wurden. Müntzer stellte die Rechtmäßigkeit der Kindertaufe infrage, aber er unterließ den nächsten Schritt, ein Täufer zu werden. Durch das, was sie von ihm hörten, neugierig geworden, führten die Schweizer Brüder einen Briefwechsel mit ihm, doch hatte er nur wenig Einfluss auf das schweizerische Täufertum.

Das war anders im Blick auf das süddeutsche Täufertum. Müntzer hatte die Führung der Bauernbewegung übernommen, Dokumente verfasst und sie schließlich in die Schlacht geführt, bevor er gefangen genommen und hingerichtet wurde. Sein Einfluss lebte durch diejenigen seiner Anhänger weiter, die dem Schlachtfeld entkamen und Täufergemeinschaften gründeten. Besonders zu erwähnen sind hier Hans Hut und Melchior Rinck. Von Müntzer übernahmen sie eine brennende Leidenschaft für soziale Gerechtigkeit, eine tiefe und mystische Spiritualität und die Überzeugung, dass das Ende der Weltgeschichte nahe war. Das war eine starke Mischung, die zu einer ziemlich andersartigen täuferischen Ausformung führte als jene der Schweizer Gemeinschaften.

Hans Denck brachte noch einen weiteren Strang in das süddeutsche Täufertum ein. Obwohl er sich vom Temperament her völlig von den Hitzköpfen unterschied, die von Müntzer inspiriert worden waren, teilte er dennoch deren Interesse am Mystizismus. Denck war ein klassischer Gelehrter, der zum Unterstützer der Reformation wurde und auf eine Lehrtätigkeit in Nürnberg berufen wurde. Auch wenn er Müntzer dort 1524 begegnet sein dürfte, war er nicht an der Bauernbewegung beteiligt. Dennoch führten seine zweifelhaften Verbindungen dazu, dass er als Radikaler betrachtet und aus der Stadt gewiesen wurde. Nachdem er Schweizer Städte, in denen die Täuferbewegung lebendig war, besucht hatte und inhaftiert worden war, weil er die Praxis der Kindertaufe infrage stellte, kehrte er nach Süddeutschland zurück. Irgendwann wurde er getauft und am Ende des Jahres 1525 gehörte er zur Leitung der Täufer in Augsburg.

Denck starb im November 1527 an der Pest, aber in den zwei Jahren als Täuferführer half er mit, die Grundlagen dieser Bewegung in Süddeutschland zu legen. Im Mai 1526 taufte Denck Hans Hut, der zu seinem führenden Evangelisten werden sollte. Später in diesem Jahr debattierte er vor mehreren Hundert Menschen in Straßburg mit dem Reformator Martin Bucer. Als sie nach Worms kamen, gründeten er und Melchior Rinck eine Täufergemeinschaft in der Stadt, und es gelang ihnen, zwei junge lutherische Prediger für sich zu gewinnen. In seinen letzten Lebensmonaten schien er jedoch irgendwie desillusioniert gewesen zu sein, vor allem aufgrund von Spaltungen in der Bewegung. Er beharrte darauf, dass das „innere Wort" (geistliche Erfahrung) wichtiger war als äußere Zeremonien und exakte Dogmen und trat ein für Liebe und Annahme. In einer Zeit, die von wechselseitiger Feindschaft zwischen bekennenden Christen geprägt war, ist dies ziemlich ungewöhnlich.

Hans Hut dagegen war eine vollkommen andere Persönlichkeit. Von Beruf Buchhändler kam er vor und auch nach seiner Begegnung mit Thomas Müntzer weit herum. Aus Bibra ausgewiesen, weil er sich weigerte, sein Kind taufen zu lassen, wurde er zu einem Vertrauten Müntzers und wurde in der Nähe des Schlachtfelds von Frankenhausen verhaftet, entkam aber der Bestrafung, weil er behauptete, er hätte Bücher verkauft und nicht gekämpft. Nach seiner Rückkehr nach Bibra hielt er aufrührerische Predigten, in denen er eine göttliche Bestrafung der unwürdigen Kleriker ankündigte. Daraufhin wurde er erneut ausgewiesen.

Nach seiner Taufe in Augsburg war Hut ständig unterwegs, taufte Tausende und gründete Täufergemeinschaften in Großstädten, Ortschaften und Dörfern in ganz Süddeutschland und Österreich. Drei bedeutende Konvertiten waren Leonhard Schiemer, Hans Schlaffer und Ambrosius Spittelmaier, der daran beteiligt war, das Täufertum in Österreich auszubreiten. Aber Huts feuriger Dienst dauerte weniger als achtzehn Monate. In Augsburg aufgegriffen, wurde er gefoltert und starb 1527 im Gefängnis, ehe er hingerichtet werden konnte.

Hut, wie schon Denck und Müntzer, trank tief aus der Quelle der mystischen Tradition. Obwohl das süddeutsche und das österreichische Täufertum dem radikalen Flügel der lutherischen Reformation viel zu verdanken hatten, verdankten sie noch viel mehr den mittelalterlichen deutschen Mystikern (Eckhardt, Tauler und der *Theologia Deutsch*). Das verlieh der Bewegung einen anderen Beigeschmack als den biblisch-orientierten und nüchternen Schweizer Brüdern – zeitweise charismatisch, zeitweise quietistisch betonte sie die Bedeutung, sich dem Willen Gottes zu ergeben. Wie Müntzer, aber anders als Denck, stützte sich Hut sehr stark auf die apokalyptischen Abschnitte der Bibel. Das verlieh nicht nur seinen Aktivitäten eine Dringlichkeit, sondern beeinflusste auch seine Lehre. So stellte er die Taufe als „Versiegelung der Erwählten" für die letzten Tage dar, und wartete auf die Bestrafung der Bösen (in der die Täufer eine Rolle spielen könnten).

Ein dritter, aber nicht so bekannter Gründungsvater dieses Zweiges des Täufertums war Melchior Rinck. Rinck, ein klassischer Gelehrter und lutherischer Prediger aus Hessen, kämpfte in Frankenhausen und konnte dem Gemetzel entkommen. Wahrscheinlich wurde er von Denck im Januar 1527 getauft, bevor er mit diesem in Worms zusammenarbeitete. Im Jahr 1528 war er in Hersfeld, wo er bei einer theologischen Debatte Artikel vorstellte, die zu seiner Ausweisung aus diesem Gebiet führten. Rinck weigerte sich, diese Ausweisung zu akzeptieren, und zog weiterhin durch Hessen und Sachsen, predigte und taufte, bis er 1531 inhaftiert wurde. Ungewöhnlicherweise wurde Rinck aufgrund der Milde des Markgrafen Philipp von Hessen nicht hingerichtet, blieb aber für den Rest seines Lebens im Gefängnis, wo er seine täuferischen Überzeugungen hartnäckig beibehielt.

Von Rincks theologischen und geistlichen Ansichten ist weniger bekannt als von denen Huts oder Dencks. Eindeutig beeinflusst war er ursprünglich von Denck und Müntzer, aber die vorhandenen Hinweise legen nahe, dass er weniger an Mystizismus, Eschatologie und Revolution interessiert war. Tatsächlich schien er mit seinen Auffassungen den Schweizer Brüdern näher zu stehen und konzentrierte sich auf die grundlegenden Fragen der Buße, des Glaubens, der Taufe und der Nachfolge.

Dem süddeutschen und österreichischen Täufertum mangelte es an dem Zusammenhalt der Schweizer Brüder. Ebenso wie die Schweizer litten auch sie an dem frühen Verlust ihrer Führer, aber anders als die Schweizer wuchsen sie nicht um ein irgendwie geartetes Bekenntnis zusammen. Vielleicht war das ja unvermeidlich, angesichts der unterschiedlichen Überzeugungen und Persönlichkeiten von Denck, Hut und Rinck und der Betonung der inneren Wirklichkeiten statt der äußeren. Vier Gruppen entwickelten sich aus diesen Anfängen: eine verfolgte Huts apokalyptische Vision; eine andere nahm Dencks mystische Spiritualität auf; eine dritte kombinierte diese Schwerpunkte; und eine vierte entwickelte sich in eine eher separatistische Richtung.

Die andere Hauptfigur in diesem Zweig der Täuferbewegung war Pilgram Marpeck, bis 1528 Bürgermeister und Bergrichter von Rattenberg. Ursprünglich von den Lutheranern angezogen, war Marpeck enttäuscht, weil er Nachfolge in ihren Kirchen vermisste. Er wurde Täufer und zog nach Straßburg, wo er als Ingenieur arbeitete. Dort übernahm er die Leitung einer Täufergemeinschaft, bis er im Jahr 1532 aus Straßburg verbannt wurde. Nach einer Zeit des Umherwanderns, in der er Kontakt mit schweizerischen und böhmischen Täufern hatte, siedelte er sich wieder in Augsburg an und leitete dort bis zu seinem Tod im Jahr 1556 eine Täufergemeinschaft. Er war einer der wenigen führenden Täufer, die so lange ungestört leben konnten. Marpecks soziale Position brachte es mit sich, dass er sich ernsthaft mit der Frage auseinandersetzen musste, wie weit er sich auf die Machtstrukturen seiner Zeit einlassen durfte, ohne dabei seine täuferischen Überzeugungen aufs Spiel zu setzen.

Die mit Marpeck verbundenen Gruppen scheinen nicht überlebt zu haben, aber seine Bedeutung für die Bewegung liegt an anderer Stelle. Er war nicht nur ein äußerst fleißiger Autor von Flugschriften, sondern korrespondierte auch mit Täufern in anderen Gebieten. Seine Schriften spiegeln die inner-täuferischen Diskussionen wider, die es in den ersten dreißig Jahren gab. Er selbst nahm eine vermittelnde Position ein, aus der heraus er die eher schriftorientierten schweizerischen und die eher mystischen süddeutschen Gruppen ermutigte, voneinander zu lernen. Heutige Täufer sehen in Marpeck oft den attraktivsten und zugänglichsten Leiter der ersten Generation.

Städte wie Straßburg und Augsburg boten den Täufergemeinden eine gewisse Versammlungsfreiheit und den Raum, täuferische Vorstellungen zur Diskussion zu stellen. Die Bedrohung durch Verfolgung war aber nie weit weg. Als der Druck durch die Behörden zunahm, schauten viele süddeutsche und österreichische Täufer nach Mähren, wo verständnisvolle Landbesitzer einen Ort der Toleranz versprachen. Wellen von Flüchtlingen machten sich auf die Reise dorthin. Flüchtende Schweizer Brüder stießen zu ihnen. Sehr einflussreich beim Aufbau der ersten Gemeinschaften war auch Balthasar Hubmaier. Dennoch dominierten süddeutsche und österreichische Täufer die wachsenden Gemeinschaften in Mähren, die schließlich als Hutterer bekannt wurden, benannt nach einem der frühen Leiter Jakob Hutter. Dieser kommunitäre Zweig der Bewegung stellt eine faszinierende und herausfordernde Interpretation der Täuferbewegung dar, auf die wir noch zu sprechen kommen.

Täufer in Norddeutschland und den Niederlanden

Es entspricht nicht der täuferischen Tradition, sich nur auf die Leiter dieser Bewegung zu konzentrieren. Das Täufertum breitete sich durch das treue Leben und das mutige Zeugnis Tausender „gewöhnlicher" Glaubender aus, die Widerstand und Leiden als normal für Menschen akzeptierten, die Jesus mit ganzem Herzen nachfolgen. Manche ihrer Namen und Geschichten sind uns durch Gerichtsakten bekannt geblieben. Andere tauchen im *Märtyrer-Spiegel* auf, der großen Sammlung von Märtyrergeschichten, die Generationen von Täufern an ihre Ursprünge und ihre Geschichte erinnert hat. Viele andere – Handwerker, Dorfbewohner, umherziehende Gemeindegründer, örtliche Pastoren, Landwirte, Hausfrauen und Händler – sind aus dem Blickfeld geraten.

Aber die Anfänge des Täufertums in Norddeutschland und den Niederlanden können zurückverfolgt werden zu dem charismatischen und ambivalenten Anführer Melchior Hoffman. Bei diesem Kürschner aus Schwäbisch-Hall wird anhand seiner Reise deutlich, wie diese Sehnsucht nach Reformation nach und nach radikaler in ihren Ansichten und Aktivitäten werden konnte.

Hoffman hatte sich ursprünglich zur lutherischen Bewegung gehalten und um das Jahr 1523 arbeitete er als Laienprediger in Livland, bis er ausgewiesen wurde. Nach einem Treffen mit Luther 1525 in Wittenberg zog er nach Dorpat, wo ihn sein Antiklerikalismus und die

Botschaft von der sozialen Gerechtigkeit bei den Armen beliebt machten. Doch damit verdarb er es sich mit seinen lutherischen Kollegen. Er ging als lutherischer Missionar nach Stockholm und entfachte dort erneut Auseinandersetzungen, ehe er 1527 nach Schleswig-Holstein weiter zog. Dort drehte er Luther entschlossen den Rücken zu und brandmarkte seine früheren Kollegen als falsche Propheten. 1529 wurde sein Besitz konfisziert und er wurde erneut ausgewiesen.

In Straßburg pflegte er Kontakt mit Reformatoren, „Spiritualisten" und einer Reihe von Täufern ganz verschiedener Richtungen, wobei er die unterschiedlichsten Elemente in seine eigene Theologie aufnahm. Dort wurde er auch getauft, bildete aber seine eigene Gruppierung, anstatt sich einer bestehenden Gemeinschaft anzuschließen. Innerhalb dieser Gruppe gab es einige einflussreiche Frauen, bei denen man eine prophetische Gabe erkannte. Dazu gehörten Ursula Jost und Barbara Rebstock. Aber die revolutionären und antiklerikalen Ansichten Hoffmans alarmierten die Behörden, und so floh er, um seiner Verhaftung zu entgehen. Während der nächsten drei Jahre zog er weit umher, evangelisierte und taufte Hunderte von Menschen. In den Niederlanden, in denen es gerade eine erbitterte Auseinandersetzung über das Wesen des Abendmahls gab, wurden die Lehren Hoffmans besonders enthusiastisch aufgenommen. Eine große Anzahl von Menschen wurde von dem melchioritischen Täufertum angezogen, das mystische, apokalyptische, revolutionäre und (wenn auch nicht im gleichen Umfang) biblische Schwerpunkte in sich vereinte. Das provozierte Verfolgung und nach einigen Hinrichtungen ordnete Hoffman die zeitweilige Einstellung der Taufen an. Die Bewegung ging daraufhin in den Untergrund.

Seine Verhaftung 1533 ließ er offensichtlich zu in dem Glauben, sie sei notwendig, damit das Neue Jerusalem in Straßburg errichtet werden könnte. Den Rest seines Lebens verbrachte er im Gefängnis und starb dort etwa 10 Jahre später, während er immer noch auf das Eintreffen der von ihm angekündigten Ereignisse wartete. Seine Bewegung wuchs und breitete sich in den Niederlanden und in Teilen Norddeutschlands aus, aber durch die Inhaftierung Hoffmans fehlte es ihr an einer fähigen Führung. In den kommenden beiden Jahren sollte eine Katastrophe heraufziehen, die von den Obrigkeiten in ganz

Europa als Beweis dafür hergeholt wurde, dass die Täufer tatsächlich gefährliche Umstürzler waren.

Jan Matthys, ein Bäcker aus Haarlem, übernahm die Führung der Bewegung aufgrund einer angeblichen Offenbarung und sandte dann zwölf Apostel aus, um zu evangelisieren und zu taufen. Unter anderem besuchten sie auch die deutsche Stadt Münster, die sie aufnahm. Das überzeugte Matthys davon, dass Hoffman *recht* hatte und das Neue Jerusalem bevorstand, dass er aber *falsch* lag, was den Ort anging: Münster, nicht Straßburg, sei die auserwählte Stadt. Eine Gruppe von Täufern, viele von ihnen aus den Niederlanden, gewann die Unterstützung der wahlberechtigten Bürger und erließ einen Aufruf an alle Täufer, sich auf den Weg nach Münster zu machen und Bürger des Neuen Jerusalems zu werden. Tausende versuchten, die Stadt zu erreichen, auch wenn die meisten von den Behörden zurückgeschickt wurden.

Bald darauf war Münster von Truppen unter dem Kommando des örtlichen Bischofs umzingelt. Auf zwei fehlgeschlagene Angriffe erfolgte eine Blockade, um die Stadt durch Aushungern zur Unterwerfung zu zwingen. Matthys führte einen verzweifelten Ausbruchsversuch an, im Glauben, dass Gott ihn erretten würde, und wurde dabei getötet. Sein Nachfolger war Jan van Leiden, ein junger Schneider, der sich selber als davidischer König einsetzte. Mit der Unterstützung von Bernhard Rothmann, dem führenden Theologen der Melchioriten, führte er weitreichende und brutale Reformen ein, benutzte die Gesetze des Alten Testaments für sein Mandat, führte die Vielehe ein, ordnete Höchststrafen für geringe Vergehen an und erwartete das Herabkommen des Neuen Jerusalems. Nach einer längeren Belagerung wurde Münster schließlich erobert und seine Bewohner niedergemetzelt.

Münster stellt die größte Katastrophe in der Geschichte der ersten Täufer dar. Sie führte zu einer zunehmenden Verfolgung in ganz Europa, auch in den bis dahin eher toleranten Gebieten. Obwohl außerhalb Münsters nur wenige Täufer ihre Aktivitäten gut hießen, lassen sich diejenigen, die die Stadt zu einem Objekt der Schreckensherrschaft machten, doch nicht von der Geschichte der Täufer trennen. Sie waren vielleicht Extremisten, gefangen in einer apokalyptischen Raserei; ihre Interpretation der Schrift mag untypisch und bizarr gewesen sein und sie mögen Gewalt auf eine Art und Weise angewandt haben, die völlig den pazifistischen Überzeugungen der meisten Täufer widersprach. Aber sie waren auch Täufer. Es ist genauso wenig legitim, sie aus der Story auszuschließen, wie es legitim ist, sie als Repräsentanten der gesamten Bewegung zu behandeln, wie das Generationen von Historikern getan haben.

Das Täufertum in Norddeutschland und den Niederlanden überlebte den „Fall Münster", aber die Bewegung verlor ihren Zusammenhalt. Sie zerfiel in verschiedene Gemeinschaften, die auf das, was geschehen war, ganz unterschiedlich reagierten. Die meisten sagten sich von der Gewalt los, auch wenn Jan van Batenburg eine kleine Gruppe anführte, die immer noch überzeugt war, dass das Neue Jerusalem kurz bevorstand, und die sporadische Akte der Zerstörung durchführte, um ihm den Weg zu bereiten. Der bedeutendste Anführer in den darauf folgenden Jahren war David Joris. Er ermahnte zum Pazifismus und betonte die innere Spiritualität bis zu dem Punkt, dass er die sichtbaren Kennzeichen des Täufertums für unbedeutend hielt. Die Gemeinschaften seiner Anhänger überdauerten einige Jahrzehnte, aber Joris versagte mit seinen Versuchen, die Bewegung unter seiner Führung wieder zu vereinigen, und zuletzt verließ er die Gegend.

Die Zukunft des Täufertums in den Niederlanden lag jetzt bei denen, die sich Münster immer verweigert hatten und eine pazifistische Position einnahmen. Die entscheidenden Anführer waren Obbe und Dirk Philips, beide waren von Hoffman getauft, einem ehemals katholischen Priester, Menno Simons, von dem die Mennoniten ihren Namen erhielten, und später dann Leenaert Bouwens.

Menno wurde von Obbe Philips getauft und kam 1536 zur Bewegung. Im darauf folgenden Jahr wurde er als Ältester eingesetzt. Den Rest seines Lebens brachte er damit zu, die zerstreuten täuferischen Gemeinschaften zu besuchen, zu lehren, seelsorgerlich zu betreuen und sie nach und nach zu einer gemeinsamen Bewegung zusammenzuschweißen. Diese Gemeinschaften kämpften mit verschiedenen Fragen, nicht zuletzt mit der Gemeindezucht und der Beziehung zwischen dem „Geist" und dem „Buchstaben", und die Bewegung erlebte schädliche Spaltungen. Aber die zahlreichen Schriften und der geduldige Dienst Mennos ermöglichten es den holländischen Täufern, zu überleben und aufzublühen. Obwohl er ein Mann war, nach dem gefahndet wurde, entkam er wiederholt der Gefangennahme und starb schließlich in Frieden.

Obbe Philips verließ die Bewegung bald wieder, aber Dirk übte als ein Kollege Mennos eine wirkungsvolle seelsorgerliche Leitung aus und hinterließ ebenfalls einen umfangreichen Bestand an Schriften. Bouwens, 1556 von Menno eingesetzt, war eine der führenden Figuren der zweiten Generation. In einer ausgiebigen regionalen Reisetätigkeit taufte er nach seiner eigenen, sehr genauen Zählung, mehr als zehntausend Menschen in der zweiten Hälfte des 16. Jahrhunderts.

Trotz Verfolgung überlebten die norddeutschen und holländischen Täufer an vielen Orten. Die Region Friesland im Norden der Niederlande war für viele ein Zufluchtsort, aber es gab auch in Amsterdam und anderen Orten lebendige Gemeinden. Und tatsächlich erlebten die holländischen Mennoniten ein „goldenes Zeitalter", in dem sie erfolgreiche Künstler, Ärzte, Geschäftsleute, Staatsbedienstete, Gelehrte und Ingenieure hervorbrachten. Zu letzteren gehörte auch der Ingenieur, der den großen Deich rund um das Binnenmeer entwarf. Auch wenn viele ihrer Gemeinden jetzt zu kämpfen haben, sind Mennoniten doch in vielen Gegenden der Niederlande bis heute präsent.

Die Täuferbewegung blühte auch in Antwerpen und anderen Teilen Flanderns, bis ein wachsender Druck zu Massenemigrationen führte. Weiter nördlich breiteten sie sich an der Küste des Baltikums aus, bis nach Danzig, Preußen und Polen. Während des 18. Jahrhunderts zogen viele Mennoniten noch weiter nach Osten und siedelten in der Ukraine und in Russland, ehe sie schließlich nach Mittel-, Nord- und Südamerika auswanderten.

Die Bewegung entwickelt sich

Die schweizerischen, süddeutschen/österreichischen und die norddeutschen/holländischen Zweige der Täuferbewegung waren also, wie wir gesehen haben, nicht voneinander isoliert. Es gab wesentliche theologische und kulturelle Unterschiede zwischen diesen täuferischen Ausdrucksformen, jede von ihnen repräsentierte Reaktionen auf regionale Faktoren ebenso wie das gemeinsame Anliegen der

Reformation. Aber Briefe, Besuche und Gespräche ermöglichten den Gedankenaustausch und führten zu leidenschaftlichen Debatten. Den Austausch zwischen den schweizerischen und den süddeutschen Gruppen und zwischen Melchior Hoffman und anderen Täufern in Straßburg, haben wir bereits erwähnt. Es gab aber noch sehr viele andere Orte, an denen sich Täufer aus den verschiedensten Regionen in den ersten drei Jahrzehnten trafen. Ein eindrückliches Beispiel dafür war die „Märtyrersynode" 1527 in Augsburg (so genannt, weil viele der Beteiligten Märtyrer werden sollten), auf der Schweizer Brüder und süddeutsche Täufer gemeinsam verschiedene strittige Themen behandelten.

Auf der Suche nach einer Zuflucht vor Verfolgung vermischten sich die verschiedenen Flüchtlingsgruppen noch mehr. Das geschah vor allem in Zentren wie Straßburg, die für eine gewisse Zeit einen sicheren Hafen für die verschiedenen täuferischen Gemeinschaften bildeten. In den 1550er-Jahren gab es in Straßburg eine weitere Diskussionsrunde, dieses Mal zwischen den norddeutschen/holländischen und den schweizerischen Täufern. Auch wenn diese Gespräche nicht unmittelbar zur Einheit führten, so begann doch eine einheitliche Bewegung zu entstehen. Schrittweise verschwanden die eher mystischen, apokalyptischen und revolutionären Gruppen, wodurch diese Elemente in der entstehenden Tradition an den Rand gedrängt wurden.

Mit weiteren Emigrationen in den Osten, nach Mähren und darüber hinaus, setzte sich der Integrationsprozess fort, auch wenn die Traditionen, die jede dieser Gruppen mitbrachte, manchmal zu Störungen und Spaltungen führten. In Mähren entwickelten auch die Hutterischen Gemeinschaften ihre charakteristischen Ausdrucksformen täuferischer Traditionen.

In den mehr als 475 Jahren ihres Bestehens leben die Hutterer in Gütergemeinschaft. Als Flüchtlinge aus Österreich, Süddeutschland und anderen Teilen Europas fanden sie in der heutigen Tschechischen Republik zeitweise Entlastung von der Verfolgung. Das Zusammenlegen ihrer Ressourcen und das Leben als voneinander abhängige Gemeinschaften mag ursprünglich eine Notmaßnahme gewesen sein, aber bald wurde es zu einem Gütesiegel ihrer Spiritualität und Nachfolge. Es wurzelt in ihrer Auslegung der Bibel und in ihrem Verständnis, dass Besitz und ultimative Solidarität zusammengehören.

Verfolgungen trieben diesen Gemeinschaften noch weiter ostwärts, nach Rumänien, Ungarn und in die Ukraine, bevor sie schließlich Sicherheit (wenn auch nicht herzliche Aufnahme) in Nordamerika fanden. Das *Geschicht-Buch* der *Hutterischen Brüder* berichtet von ihren Leiden, Kämpfen und ihrem Durchhalten angesichts des äußeren Drucks und der inneren Uneinigkeit. Es beschreibt auch Prinzipien und Praktiken, die ihre Gemeinschaften durch die Jahrhunderte geleitet haben.[34]

Die vielfältigen Ursprünge der Täuferbewegung sind auch unter den heutigen Täufern in Europa, Nordamerika und an anderen Orten noch sichtbar. Kulturelle, sprachliche und ethnische Faktoren spielen ebenso noch eine Rolle wie theologische Schwerpunkte und Gemeindetraditionen. Auseinandersetzungen über verschiedene Fragen brachten mehrere Denominationen hervor. Mennoniten, Hutterer und Amische mögen zwar ein gemeinsames Erbe teilen, aber sie sind darin grundsätzlich unterschiedlicher Meinung, wie dieses heute zu interpretieren und zu verkörpern sei.

Dennoch ist es legitim, von einer Täuferbewegung, einer Täufertradition oder Täufervision zu sprechen. Die Rede „Das täuferische Leitbild" ist ein berühmter Versuch des mennonitischen Historikers Harold S. Bender aus dem Jahr 1944, diese Tradition zu beschreiben. Unter anderem führte er aus, dass Nachfolge, Brüderlichkeit (oder Gemeinschaft) und Verzicht auf Widerstand die zentralen Elemente waren. Zu diesem Schluss kam Bender, weil er sich nur auf die Schweizer Brüder und die Mennoniten konzentrierte und andere Gruppen, die nicht in dieses Bild passten, außen vor ließ. Seine Zusammenfassung übte dennoch großen Einfluss aus.[35] Nachfolgende Autoren haben andere Vorschläge gemacht, wobei sie unübersehbar von ihren

[34] *Chronicle of the Hutterian Brethren* (Rifton: Plough Publishing House, 1987). Weitere Informationen zu den Hutterern bei John Hostetler, *Hutterite Society* (Baltimore: The Johns Hopkins University Press, 1974) and Werner Packull, *Hutterite Beginnings* (Baltimore: The Johns Hopkins University Press, 1995).

[35] Harold S. Bender, Das täuferische Leitbild, in: Guy F. Hershberger, *Das Täufertum – Erbe und Verpflichtung*. Evangelisches Verlagswerk Stuttgart, 1963, 31-54.

eigenen Kontexten und Überzeugungen beeinflusst wurden und die historischen Daten ganz unterschiedlich interpretierten.

Zu den Überzeugungen, die gegen Ende des 16. Jahrhunderts weitestgehend von allen Täufern geteilt wurden, zählten:

- Christen sollen dem Vorbild Jesu nachfolgen und seinen Lehren gehorchen, unabhängig von den Konsequenzen.
- Die Bibel ist Richtschnur in ethischen und gemeindlichen Fragen, ebenso wie für die Theologie.
- Kirche und Staat sind beide von Gott eingesetzt, aber sie müssen auseinander gehalten werden.
- Kirchen/Gemeinden sind Gemeinschaften getaufter Nachfolger Jesu, die vor- und füreinander verantwortlich sind.
- Gemeindezucht (einschließlich des Gebrauchs des „Bannes") ist entscheidend, um die Reinheit und Unverwechselbarkeit der Kirche zu erhalten.
- Nachfolger Jesu sollen ihre wirtschaftlichen Mittel freimütig mit anderen teilen.
- Gewaltlosigkeit und Wahrheitsliebe sind wesentliche Aspekte der Nachfolge, darum sollen Christen weder kämpfen noch Eide schwören.
- Leiden gehört zu einer treuen Nachfolge und ist ein Kennzeichen der wahren Kirche.

Nicht alle diese Überzeugungen wurden von den Täufern der ersten Generation gleichermaßen hochgehalten. Viele unter ihnen haben auch das Werk des Heiligen Geistes in der Gemeinde betont, die Notwendigkeit, die Schrift gemeinsam auszulegen, die Dringlichkeit der Evangelisation und die bevorstehende Wiederkunft Christi. Manche Gruppen haben, wie berichtet, anstelle der gegenseitigen Hilfe, die Gütergemeinschaft praktiziert. Für andere war wiederum die Fußwaschung ein wichtiger Bestandteil ihres Gottesdienstes und ihres gemeinschaftlichen Lebens. Die sich entwickelnde Tradition gab bestimmte Elemente auf, interpretierte andere neu und hob hervor, was als wesentlich betrachtet wurde.

Welche Unterschiede es auch immer zwischen den ersten Täufern gegeben haben mag, die Obrigkeiten hatten keinen Zweifel daran, dass sie es mit einer einzigen Bewegung zu tun hatten, die eine ernsthafte Bedrohung sowohl für die Kirche wie auch den Staat darstellte. Die Zahl der aktiv an dieser Bewegung beteiligten Menschen ist schwer festzustellen, aber sicherlich ging sie während der ersten Generation in die Zehntausende. Und noch viel mehr Menschen wurden vom Täufertum angesprochen, ohne jedoch als Mitglieder getauft zu werden, weil ihnen klar war, was dieser Schritt sie kosten könnte. Tausende von Täufern wurden im 16. Jahrhundert wegen ihrer Überzeugungen umgebracht.

Zerstreut über ganz Europa stellte diese Bewegung nur einen kleinen Bestandteil der Bevölkerung dar. Aber die Furcht vor dem Täufertum war weit verbreitet, gerade in England, wo täuferische Flüchtlinge aufgegriffen, inhaftiert und hingerichtet oder deportiert wurden, bevor die Bewegung Fuß fassen konnte. Täuferische Praktiken wurden in den „Neununddreißig Artikeln" der Kirche von England ausdrücklich abgelehnt. Die Anklage, ein „Anabaptist" zu sein, wurde jahrhundertelang dazu benutzt, jeden in Verruf zu bringen, der theologisch suspekt oder sozial abweichend erschien. Auch heute, wo sich viele Christen in England und Irland freudig als Täufer zu erkennen geben, kann dieses Etikett in manchen Kreisen immer noch für einige Bestürzung sorgen.

Täufer heute

Heute kann man die Täufer in vier Gemeinschaften unterteilen. Zunächst zu nennen sind die Nachfolger der ersten Täufer – die Mennoniten, Amischen und Hutterer. Zweitens gibt es Denominationen, die später entstanden, aber die Inspirationen der Täufer aufgriffen – verschiedene Brüder-Gruppen, die Bruderhof-Bewegung und manche Baptisten. Drittens gibt es neue Täufergemeinden in vielen Nationen, die ein Ergebnis der missionarischen Aktivitäten der Mennoniten und der Brüder darstellen. Und viertens gibt es auch Neo-Täufer, die zu anderen Traditionen gehören, aber die einen gestaltenden Einfluss der Täuferbewegung anerkennen.

Jede dieser Gemeinschaften interpretiert die Tradition der Täufer auf ihre eigene Art und Weise. Manche haben feststehende Ansichten zu den meisten Fragen; andere machen sich weitergehende Gedanken über eine zeitgemäße Übertragung der Tradition. Newcomer – wie die neuen Täufer und die Neo-Täufer – können verstörend herausfordernd wirken, wenn sie die Tradition auf ganz überraschende Art und Weise interpretieren. *Nackter Glaube* erhebt keinerlei Anspruch, die einzige oder die authentischste Interpretation der Täufertradition zu sein. Die zentralen Überzeugungen, auf denen dieses Buch basiert, stellen einfach einen Versuch von Neo-Täufern in England und Irland dar, das Wesen der Täuferbewegung herauszufiltern und ihre Erkenntnisse anzuwenden, um treuere Nachfolger Jesu in unserem Kontext zu sein.

Neo-Täufer sind vor allem durch die erste Generation der Täufer inspiriert, darum konzentriert sich dieses Kapitel auch vor allem auf diesen Zeitraum. Aber genauso lässt sich sehr viel von den anderen lernen, die im Lauf der Jahrhunderte die Tradition auf ganz unterschiedliche Weise ausgelegt haben, und auch von den heutigen täuferischen Gemeinden.

Amische und Hutterer

Täufer in England und Irland haben mit den Amischen den wenigsten Kontakt gehabt, da sie hier kaum vertreten sind (es gibt in Südirland eine *Beachy Amish Community*). Was wir von ihnen gelernt haben, stammt vor allem aus Büchern, die wir gelesen und aus Geschichten, die wir gehört haben. Trotz der großen kulturellen Kluft zwischen uns und den Amischen wurden manche von uns von ihrem starken Gemeinschaftsethos angezogen, durch ihren ganzheitlichen Nachfolgeansatz herausgefordert, fasziniert von den bewussten Entscheidungen, die sie im Blick auf Technologie und zeitgenössische Kultur getroffen haben. Und demütig machte manche auch ihre Fähigkeit zu vergeben. Sie kam so eindrucksvoll in ihrer Reaktion auf die Tragödie von Nickel Mines zum Ausdruck, als fünf ihrer Kinder im Oktober 2006 erschossen wurden.[36]

Aber andere Aspekte des amischen Lebens und Glaubens sprechen uns weit weniger an. Manche von ihnen tauchen auch bei den Hutterern auf. Deren Gemeinschaften scheinen in einer kulturellen Zeitverschiebung festzusitzen, da sie auf einer restriktiven und antiquierten Kleiderordnung bestehen, von den Frauen verlangen, sich ihren Männern unterzuordnen, lieber alte Predigten vorlesen, statt neue zu predigen, und ihre Zweifel haben, ob jemand außerhalb ihrer Gemeinschaften wirklich ein Christ sein kann – auch wenn sie letzten Endes das Urteil über diese Frage Gott überlassen.

Wir hatten mit einem Ableger der Hutterer Kontakt. Ich habe bei verschiedenen Gelegenheiten den Hutterer-Bruderhof außerhalb von Robertsbridge in Ost-Sussex besucht, dort Zeit mit den Mitgliedern der Gemeinschaft verbracht und ihre Art zu leben kennengelernt.[37] Das *Anabaptist Network* hielt 1993 seine erste Arbeitskonferenz dort ab und wir haben die Gastfreundschaft der Gemeinschaft sehr zu schätzen gelernt. Wir arbeiteten neben ihnen auf ihren Feldern und in ihren Werkstätten, teilten mit ihnen ihr Zuhause, aßen mit ihnen und nahmen an ihrem Gottesdienst teil. Ich habe bei mir immer zwei gegensätzliche Reaktionen auf diesen Besuch wahrgenommen. Einerseits bin ich erleichtert, eine Gemeinschaft zu verlassen, die in meinen Augen introvertiert, patriarchalisch, verurteilend und hörig gegenüber verknöcherten geistlichen und kulturellen Traditionen ist. Andererseits fordert mich dieser ganzheitliche Ansatz christliche Nachfolge heraus, und ich spüre die Anziehungskraft, Teil einer kontrastgesellschaftlichen Gemeinschaft zu sein.

Aber sind wir erst einmal bereit, hinter die weniger attraktiven Eigenschaften der Hutterer und der Amischen zu sehen, könnten wir

---

[36] Als Einführung zu den Amish siehe: Donald Kraybill, *The Riddle of Amish Culture* (Baltimore: Johns Hopkins University Press, 1989). Zum Geschehen in Nickel Mines siehe Donald Kraybill (u.a.), *Die Gnade der Amish: wie Vergebung Katastrophen überwindet* (Weinheim: Wiley, 2009).

[37] Die Anfänge der Bruderhof-Bewegung lagen in Deutschland, in der Zeit zwischen den beiden Weltkriegen und standen in Verbindung mit der historischen Bewegung der Hutterer (obwohl sie derzeit diese Verbindung nicht ausdrücklich betonen), Vgl. Markus Baum: *Eberhard Arnold. Ein Leben im Geist der Bergpredigt*. Schwarzenfeld, Neufeld 2013. Siehe dazu auch: www.church-communities.com.

erkennen, wie diese Traditionen einige der machtvollsten Götzen unserer Kultur herausfordern, die unsere heimlichen Einverständnisse und Kompromisse beanspruchen. Und dann könnten wir tatsächlich einige täuferische Überzeugungen und Praktiken in ihrem nacktesten und ungeschminktesten Zustand wahrnehmen. Zum Beispiel:

- Sie betrachten die Gesamtheit des Lebens als heilig und verwerfen die Aufteilung in heilig/weltlich, an der die Christen in den meisten Traditionen im Lauf der Jahrhunderte so gelitten haben. Sie haben sich dazu verpflichtet, Teile der Erde zu kultivieren, ebenso wie sie Gemeinschaften christlicher Nachfolger kultivieren als Vorbereitung auf das Reich Gottes.
- Sie weisen die unter Christen weit verbreitete Auffassung zurück, dass mit Ausnahme von völlig verachteten Beschäftigungen alle Berufe eine akzeptable Option darstellen, und Christen möglichst überall vertreten sein sollten. Stattdessen bewegen sie ihre Mitglieder dazu, bestimmte Geschäfte und Beschäftigungen als unvereinbar mit der Nachfolge zu meiden. Dabei dreht es sich nicht nur um solche, die mit Krieg in Verbindung stehen. Es geht auch um Tätigkeiten, die der menschlichen Eitelkeit dienen, oder in denen Geld gemacht wird, ohne dass im Gegenzug etwas Nützliches hergestellt wird.
- Sie müssen erst davon überzeugt sein, dass die Vorteile einer neuen Technologie deren Nachteile überwiegen. Diese mag zwar das Leben einfacher gestalten, aber sie könnte auch die Gemeinschaft schmälern oder zerstören, die Möglichkeiten für persönliches Wachstum und Nachfolge einschränken und das Einverständnis mit kulturellen Werten erfordern, die nicht mit ihren Überzeugungen in Einklang stehen.
- Der Gebrauch des „Losentscheides" bei der Wahl von Leitern mag ungewöhnlich sein (auch wenn er biblische Vorläufer hat), aber er ist ein Eingeständnis, dass die Gemeinde nicht immer weiß, was das Beste ist. Mögliche Kandidaten auszuwählen, dann aber Gott zu bitten, die Entscheidung zu treffen, stellt das Verlangen infrage, solche Prozesse zu steuern und zu kontrollieren.

- Die Praxis der Hutterer, den Besitz miteinander zu teilen, hat nicht nur biblische Vorbilder, sondern ist grundsätzlich gegenkulturell in Gesellschaften, in denen Privatbesitz die Grundlage für das weltweite ökonomische System bildet. Und sie bildet einen Gegenpol zu persönlichem Ehrgeiz und Angst.
- Trotz scharfer Auseinandersetzungen, dem Druck durch das Zusammenleben in so großer Nähe, schmerzvollen Spaltungen und menschlichen Schwächen bleibt die Gemeinschaft der Hutterer der Gewaltlosigkeit verpflichtet. Dort gab es noch niemals einen Mord.

Mennoniten

Den meisten Kontakt hatten wir mit Mennoniten, und es ist dieser Zweig der Bewegung, dem wir in England und Irland den meisten Dank schulden. Viele unter uns sind der Täuferbewegung durch die Arbeit und das Zeugnis des *London Mennonite Centre* in Highgate begegnet. Über fünfzig Jahre schon ist es eine Quelle der Inspiration, ein Ort der Gastfreundschaft, ein Ausgangspunkt für Verbindungen und Gespräche und ein Informationszentrum für jeden, der daran interessiert ist, sich näher mit der täuferischen Tradition zu beschäftigen. Nordamerikanische mennonitische Mitarbeiter und Freiwillige haben diese Tradition verkörpert und ihre Erkenntnisse zu Nachfolge, Gemeinschaft, zu Frieden und Gerechtigkeit, Gottesdienst, Spiritualität, Gastfreundschaft und Lebensstil geteilt. Das *Anabaptist Network* begann am *London Mennonite Centre* und hat auch weiterhin eine enge Beziehung zu dieser Gemeinschaft. Andere an den Täufern orientierte Gruppen nutzen seine Einrichtungen und begegnen dort einander.

Vor vielen Jahren entschlossen sich die Mennoniten, in England und Irland keine Gemeinden zu gründen oder eine konfessionelle Präsenz zu errichten. Dieser nicht-wettbewerbsorientierte Ansatz hat es dem *Mennonite Centre* ermöglicht, einem sehr weit gefassten Kreis von „Kunden“ zu dienen. Dadurch konnten mennonitische Werte und Erkenntnisse viele andere Traditionen durchdringen. Er hat jedoch auch die praktischen Möglichkeiten begrenzt, die zeigen könnten, wie täuferische Prinzipien auf Gemeindeebene verwirklicht werden. Viele

Jahre lang war die *Wood Green Mennonite Church*, eine kleine, fest mit dem *London Mennonite Centre* verbundene Gemeinschaft, die einzige mennonitische Gemeinde in England. Während der Entstehung dieses Buches wurde darüber diskutiert, ob ein „Täuferisches Gemeindenetzwerk" gegründet werden könnte, um existierende und entstehende Gemeinden in einem informellen Netzwerk zu verbinden. Nur wenige dieser Gemeinden werden explizit Täufer- oder Mennonitengemeinden sein, aber sie werden sich gegenseitig unterstützen, die täuferische Prinzipien in ihren unterschiedlichen Gemeinschaften umzusetzen. Die Erfahrung der mennonitischen Gemeinden überall auf der Welt wird für dieses Netzwerk eine wichtige Ressource darstellen.

Eine Reihe von uns hat nordamerikanische mennonitische Kirchen und theologische Ausbildungsstätten besucht, um von diesen historischen täuferischen Gemeinschaften zu lernen – und um ihnen das überraschend wiederaufgelebte Interesse an ihrer Tradition im nachchristlichen Europa verständlich zu machen. Diese transatlantischen Verbindungen sind für uns von großer Bedeutung gewesen. Manche unter uns lernten auch Kontakte zu Mennoniten in anderen Teilen Europas schätzen – Gemeinden, die ihre Geschichte bis in das 16. Jahrhundert zurückverfolgen können oder neueren Gemeinden, die von amerikanischen mennonitischen Missionaren gegründet wurden. Und wir sind sehr dankbar für die, öffentlich nahezu unbemerkt gebliebenen, Beiträge von Mennoniten zum Friedensprozess in Nordirland.[38]

Es waren Mennoniten in Nordamerika, Europa, England und Irland, die den meisten unter uns die täuferische Tradition vermittelt haben. Sie haben uns gezeigt, wie deren Einsichten im Leben der Familien und Gemeinden umgesetzt wurden, und wie diese Tradition an die nächste Generation weitergegeben werden kann. Manchmal waren wir von dem enttäuscht, was wir in mennonitischen Kreisen fanden – angepasste Konsumhaltung, konventionelle Gottesdienste, schwerfällige Entscheidungsfindungsprozesse und eine Abneigung, ihren Glauben mit anderen zu teilen. Unsere Begegnungen mit Men-

---

[38] Vgl. Joseph Liechty, 'Mennonites and Conflict in Northern Ireland, 1970–1998', in: Cynthia Sampson & John Paul Lederach (Hrsg.), *From the Ground Up: Mennonite Contributions to International Peacebuilding* (Oxford: Oxford University Press, 2000).

noniten haben uns davor bewahrt, das Täufertum zu idealisieren. Aber wir sind zutiefst dankbar für viele Aspekte dieser Tradition:

- Die Demut, Freundlichkeit, Friedfertigkeit und die Verpflichtung zur Einfachheit, die viele Mennoniten scheinbar unbewusst zeigen, verkörpern zentrale täuferische Werte.
- Die Wiederherstellung der verleumdeten und vernachlässigten Tradition der Täufer durch sorgfältige historische Erforschung und phantasievolle Wege, diese Geschichte zu erzählen.
- Die Tradition der Gastfreundschaft, die im gemeinsamen Essen ein wesentliches Merkmal für den Aufbau und die Pflege von Gemeinschaft sieht.
- Das anhaltende Zeugnis gegen Krieg, Todesstrafe und andere Formen tödlicher Gewalt.
- Die friedensstiftende Haltung und Fähigkeiten, die die Mennoniten über viele Jahre entwickelt und weiter ausgearbeitet haben, und mit denen sie realistische Alternativen zu Zwang und Uneinigkeit in vielen Bereichen des Lebens anbieten.
- Die Verpflichtung zu praktischer Nachfolge, also den Glauben auszuleben, anstatt zu viel über ihn zu reden.

Ich werde kein Hutterer, Amischer oder Mennonit werden, aber ich bin dankbar, dass ihre Prinzipien manchmal in hutterische, amische oder mennonitische Kleider gehüllt sind, und ich erkenne ihre Versuche an, über viele Jahre hinweg treue und radikale Nachfolger Jesu zu sein. Die täuferische Tradition war niemals einheitlich. Schon in den ersten Jahren gab es unterschiedliche Schwerpunkte und verschiedene Praktiken. Heute wollen wir die täuferische Vision auf eine Art und Weise interpretieren, die sinnvoll in unsere unterschiedlichen Kulturen und Kontexte passt. Für alle, die das Etikett „Täufer" bejahen und ihm eine konkrete Form verleihen wollen, gibt es grundlegende Einsichten, tiefe Überzeugungen und beständige Werte, die diese Bewegung geformt haben, und für die die ersten Täufer bereit waren, zu sterben.

KAPITEL 7

Täufertum heute

Wie am Ende von Kapitel 5 versprochen, und ganz im Geist von *Nackter Glaube*, beginnen wir dieses abschließende Kapitel damit, einige der Schwächen und Grenzen der Täufertradition aufzudecken. Unter unseren Kleidern können alle möglichen Arten von Verunstaltungen und Mängeln stecken, die wir lieber vor allen verborgen halten wollen, mit Ausnahme derer, die uns am nächsten sind. In der Tat dürften wir das, was wir tragen, auswählen, um die hässlichen Aspekte unserer Körper zu maskieren oder zu verbergen, und uns in der Öffentlichkeit so attraktiv wie möglich zu präsentieren. Unser Anliegen in diesem Kapitel ist es, der Versuchung zu widerstehen, diese Hässlichkeiten in der Täuferbewegung zu verbergen, und sie ehrlich und ungeschützt zu zeigen.

Diejenigen, die zu diesem Buch beigetragen haben, und auch viele andere, empfinden die täuferische Tradition attraktiv und inspirierend, aber wir gestehen zu, dass sie, wie alle christlichen Traditionen, ihre Defizite hat. Einer der Anziehungspunkte täuferischer Spiritualität ist ihre Demut und Offenheit für Korrektur und für neue Einsichten. So gesehen lässt sich das, was jetzt folgt, als täuferische Annäherung an das Täufertum verstehen!

Das Täufertum – mit all seinen Fehlern und Schwächen

Die vorhergehenden Kapitel haben die tiefe Angst aufgezeigt, die diese Bewegung des 16. Jahrhunderts unter ihren Zeitgenossen ausgelöst hat. Deutlich wurden auch einige der Vorwürfe, die – einst und jetzt – gegen die Täufer vorgebracht wurden. In die schlimmsten Exzesse waren Täufer verwickelt, die eher nicht repräsentativ gewesen sein dürften. Dennoch waren die Befürchtungen nicht ganz unberechtigt, und auch die Vorwürfe waren nicht völlig grundlos. Wir könnten versucht sein, die Kritik abzuwenden, indem wir darauf hinweisen, dass die große Mehrheit der Täufer ehrlich, hart arbeitend, friedlich, großzügig, bescheiden und gastfreundlich war und sich nicht dafür hingab, an Nackt-Prozessionen teilzunehmen oder Schreckensherrschaften aufzurichten. Wir könnten feststellen, dass die Aufzeichnungen über sie einem Vergleich mit den meisten anderen christlichen Traditionen standhalten, vor allem im Blick auf die Gewalt gegen diejenigen, mit denen sie im Streit lagen. Wir könnten als eine Entschuldigung den Druck durch die Verfolgung anführen und die Tendenz, dass solcher Druck zu Extremismus und Verzerrung führt. Oder wir könnten argumentieren, dass die entstehende Tradition einige Unausgewogenheiten der aufregenden ersten Jahre korrigiert hat, und dass das Täufertum heute wesentlich erwachsener ist – wenn auch nicht weniger radikal.

Aber wir wollen denen zuhören, die in der täuferischen Tradition ernsthafte Mängel entdeckt haben und die besorgt sind, dass ihr wachsender Einfluss für heutige Christen wenig hilfreich sein könnte. Was haben sie entdeckt?

Gesetzlichkeit

Jede Bewegung, die die Nachfolge so ernst nimmt, wie es die Täufer getan haben, und die sich dazu entschließt, größte Aufmerksamkeit auf den Text der Schrift und weniger auf allgemeine ethische Grundsätze zu richten, steht in der Gefahr, in die Gesetzlichkeit abzurutschen. Die Reformatoren des 16. Jahrhunderts waren in dieser Hinsicht gegenüber den Täufern äußerst kritisch, klagten sie der „Werkgerechtigkeit" an und bezeichneten sie als „neue Mönche". Das grundlegende reformatorische Prinzip „Erlösung allein aus Gnade“ lief ihrer Meinung nach Gefahr, untergraben zu werden. Der Vorwurf der Gesetzlichkeit ist über die Jahrhunderte hinweg immer wiederholt worden, vor allem dann, wenn die Nachfolge mit einem kulturellen Konservatismus vermengt zu sein scheint, oder Gesetzlichkeit mit biblischer Buchstabentreue gleichgesetzt wird. Es ist möglich, dass sich unter dem Druck der Verfolgung diese Tendenz noch verschärfte: Unter Druck überleben Gruppen oft nur, indem sie strenge Disziplin halten. Eine beständige Gefahr innerhalb der Täufertradition war, dass die Ethik die Spiritualität übertrumpft, sodass die Nachfolge vom Reich der Gnade getrennt wird. Einige zeitgenössische Täufer haben ihre Beunruhigung darüber zum Ausdruck gebracht[39], und es bleibt weiterhin ein Bereich der Sorge.

Einseitigkeit

Die ersten Täufer warfen den Reformatoren vor, sie würden bei ihrer Auslegung und Anwendung biblischer Texte sehr selektiv vorgehen. Warum, so fragten sie, war Jesus zwar maßgebend für die Erlösung, aber nicht für die Nachfolge oder Formen kirchlichen Lebens? Aber die täuferische Tradition kann für eine sehr ähnliche Tendenz kritisiert werden – und vermutlich trifft dies auf alle christlichen Traditionen zu. Insbesondere waren die Täufer so damit beschäftigt, auf Jesus zu hören, dass sie oft den Eindruck vermittelten, das Alte Testament sei lediglich eine Vorbereitung auf das Neue Testament und von daher nicht wert, sich eigens damit zu beschäftigen. Frustriert davon, wie ihre Zeitgenossen die Texte des Alten Testaments benutzten, um dem zu widersprechen, was sie als die klare Lehre Jesu zu Fragen wie der Gewaltlosigkeit, der Taufe oder dem Schwören von Eiden auffassten, eigneten sich die Täufer des 16. Jahrhunderts einen Jesus-zentrierten Zugang zur Schrift an. Das war radikal und befreiend, ein wirkungsvoller Protest gegen das, was sie als einen Missbrauch des Alten Testaments erkannt hatten. Aber es hinterließ die Täufer mit einem man-

39 Ein einflussreiches Beispiel war der Artikel von Stephen Dintaman, 'The Spiritual Poverty of the Anabaptist Vision', *The Conrad Grebel Review* 10 (Frühjahr 1992), 205-08.

gelhaften Verständnis des Alten Testaments. Darüber hinaus bleibt die Gefahr der Einseitigkeit gerade auch für eine Tradition bestehen, die behauptet, Jesus ernst zu nehmen: Die Täufer haben sich mit dem Heilungsdienst Jesu kaum so intensiv beschäftigt, wie sie sich seiner ethischen Lehre zuwandten.

Intellektualismus/Anti-Intellektualismus

Im Lauf der Jahrhunderte wurden die Täufer oft beschuldigt, anti-intellektuell zu sein, Wissenschaft und Erziehung zu verunglimpfen, und mit einem undifferenzierten Zugang zur Bibel und zur Theologie zu arbeiten. Auch hier mag das Erbe der frühen Jahre, als ihnen die Universitäten verschlossen waren und ihre gebildeten Anführer sehr bald verhaftet und hingerichtet wurden, eine wichtige Rolle gespielt haben. Kritiker lehnten sicher den grundsätzlichen Standpunkt der frühen Täufer ab, dass alle Christen, gebildet oder nicht, in der Lage waren, die Schrift mit der Hilfe des Heiligen Geistes auszulegen. Von daher klingt es schon eher ironisch, wenn die Täufer heute manchmal beschuldigt werden, zu intellektuell zu sein. Das ist etwas, wogegen das *Anabaptist Network* zu kämpfen hatte. In unseren Veröffentlichungen und auf unseren Konferenzen sind wir im Erkunden der praktischen Auswirkungen unserer täuferischen Werte und Überzeugungen nicht immer alltags- und lebensnah genug geblieben. Einer der Gründe dafür mag sein, dass die Wiederbelebung einer täuferischen Vision im 20. Jahrhundert mennonitischen Gelehrten so viel zu verdanken hatte, und dass wir so viel von ihnen gelernt haben. Die praktische Relevanz dieser historischen Tradition aufzuzeigen, ist für die Täufer heute eine bleibende Herausforderung.

Spaltungen

Alle Christen zu ermutigen, Verantwortung zu übernehmen, wenn es um die Auslegung der Schrift geht, mag befreiend sein, aber es ist auch gefährlich. Die Reformatoren nahmen ihren Gemeinden diese Freiheit sehr bald wieder weg, aber die Täufer behielten sie bei. Ein Ergebnis dieser Praxis war Spaltung, – innerhalb der und zwischen den

Gemeinden – als Ausleger zu unterschiedlichen Schlussfolgerungen über die Bedeutung und Anwendung der Texte kamen. Die täuferische Bewegung ist sicher nicht die einzige Tradition, die von Spaltungen durchgeschüttelt wurde, seit das Christentum im 16. Jahrhundert auseinandergebrochen ist. Die denominationelle Vermehrung und die Gemeindespaltungen, oft aufgrund von Geringfügigkeiten, sind ein Schandfleck der christlichen Gemeinschaft. Und das Täufertum weist ein gerütteltes Maß an Zwietracht und Spaltung auf. Die Praxis, unbequeme Mitglieder zu „bannen", endete in der gegenseitigen Exkommunizierung von Gemeinden, wie auch im Ausschluss anders denkender Gemeindemitglieder. Als Vertreter einer Tradition, die so stark für die Versöhnung und die Feindesliebe eintrat, waren die Täufer übermäßig streitsüchtig. Die Gemeindezucht mag niemals physische (oder sogar tödliche) Gewalt beinhaltet haben, so wie es jahrhundertelang in den katholischen und protestantischen Territorien der Fall war, aber die psychische Gewalt, die darin zum Tragen kam, konnte schon erhebliche Ausmaße annehmen. Ein mennonitischer Freund meinte dazu, die Gründe, warum Mennoniten sich auf Konfliktlösung spezialisiert hätten, lägen darin, dass sie selber so viele Konflikte zu lösen hätten.

Separatismus

Die ersten Täufer hatten kaum Möglichkeiten, sich aktiv und konstruktiv in eine Gesellschaft einzubringen, die ihre Überzeugungen ablehnte und sie ausschloss. Doch als sie sich schließlich weniger unterdrückt wiederfanden, taten sie sich oft schwer damit, eine andere Haltung zu gesellschaftlichem Engagement einzunehmen. Rückzugsimpulse, unterstützt durch grundlegende Dokumente wie das *Schleitheimer Bekenntnis*, waren verinnerlicht worden. Im schlimmsten Fall führte die täuferische Absonderung zu Geringschätzung und Missachtung der Gesamtgesellschaft und zu der Haltung, sich nur um die Unterstützung und das Überleben der eigenen Familien und Gemeinschaften zu kümmern. Die großen Anliegen vieler früher Täufer im Blick auf ökonomische Reformen und soziale Gerechtigkeit sind an nachfolgende Generationen nicht besonders weitervermittelt worden. Heute erkennen mehr und mehr täuferische Christen diese separatistische Tendenz, lehnen sie ab und engagieren sich kreativ und mutig politisch, sozial, ökonomisch und kulturell. Aber die Verpflichtung „gegen-kulturell" zu sein, von der die Täuferbewegung durchdrungen ist, kann von Partnerschaften mit anderen abhalten und daran hindern, sich an Initiativen zu beteiligen, die das Idealmaß eventuell nicht erfüllen.

Quietismus

Allen, die zuhören wollten, teilten die frühen Täufer ihren Glauben sehr freimütig und enthusiastisch mit und sie drängten die Menschen, Buße zu tun und Nachfolger Jesu zu werden. Selbst wenn sie zum Scheiterhaufen geführt wurden, war ihr Zeugnis für die Obrigkeiten so beunruhigend, dass man sie mit Zungenschrauben zum Schweigen brachte. Aber der Verfolgungsdruck überzeugte die Täufer nach und nach davon, dass sie nur überleben können, wenn sie ihren Glauben verschweigen. Die meisten übernahmen diese Haltung. Manche vereinbarten sogar mit ihrer Unterschrift gegenseitige Schweigegelübde, um in Frieden gelassen zu werden. Sie wurden dann als „die Stillen im Land" bekannt. Während ein Quietismus in solchen Kontexten verständlich war, hat er sich doch – ebenso wie der Separatismus – in der Täufertradition festgesetzt. Nicht offen über seinen Glauben zu sprechen, wird jetzt von manchen Täufern als Kennzeichen der Bescheidenheit verteidigt und nicht als Überbleibsel aus einer Geschichte der Unterdrückung angesehen. Sie betonen stärker den Vollzug des Glaubens als das Darüber-Reden. Aber dieser Ansatz des Zeugnisses von Jesus Christus ist äußerst mangelhaft angesichts einer nachchristlichen Gesellschaft, die wenig darüber weiß, was Christen glauben, und die nicht über die notwendigen „Schlüssel" verfügt, einen christlichen Lebensstil zweifelsfrei zu identifizieren.

Trägheit

Alle Bewegungen neigen dazu, sich im Lauf der Zeit zu institutionalisieren. Das Täufertum macht hier keine Ausnahme. Die dynamische und radikale Bewegung der ersten Generation verwandelte sich nach und nach in das beständige gemeindliche Leben der späteren Generationen. Apostel und Propheten machten Bischöfen und Pastoren Platz. Die Verpflichtung zum Pazifismus degenerierte zur Passivität. Die Leidenschaft, Bekehrte zu taufen und neue Gemeinden zu gründen, verblasste. Aufregende Debatten über die Bedeutung der Schrift wurden durch geregelte und nicht zu hinterfragende Auslegungen abgelöst. Wie in anderen Traditionen auch haben periodisch wiederkehrende Erneuerungsbewegungen die treuen Anhänger elektrisiert, aber die etablierten täuferischen Denominationen und Gemeinden sind heute oft durch kulturelle Konformität und Trägheit gekennzeichnet. Symptomatisch dafür ist die Abneigung, Leitern das Leiten zu erlauben, und eine beinahe obsessive Verpflichtung zu einem „guten Prozess" – der sicherstellt, dass alle Meinungen Gehör finden und alle Optionen durchdacht werden, was aber den Fortschritt auf ein Schneckentempo reduziert. Ein mennonitischer Freund sagte mir, dass der „Prozess zur Lieblingsdroge der Mennoniten geworden ist"!

Wie ernsthaft sind diese Schäden in der Tradition der Täufer? Sind sie problematisch genug, um von einer weiteren Beschäftigung mit der Täuferbewegung abzuhalten? Oder handelt es sich einfach um Bedenken, die man im Blick haben muss, wenn man sich mit dieser Tradition beschäftigt? Sind sie auf irgendeine Weise beunruhigender als die Schwächen anderer Traditionen? Und ist es hilfreich zu wissen, dass die heutigen Täufer sich dieser Fragen bewusst sind und sie angehen?

Bestätigung des Täufertums

Offensichtlich haben sich die Mitglieder des *Anabaptist Network* und auch die Mitarbeiter an diesem Buch entschieden, dass die täuferische Tradition es wert ist, von ihr zu lernen, trotz ihrer Mängel. Und scheinbar denken auch andere so. Manche unter uns waren jüngst überrascht, als ihre Einschätzungen bei Vertretern anderen Traditionen große Zustimmung fand. So schreibt zum Beispiel Brian McLaren, eine führende Persönlichkeit der *emerging church*:

Immer mehr christliche Leiter fangen an zu realisieren, dass das Christentum für Millionen junger Erwachsener, die in letzter Zeit aus der Kirche ausgestiegen sind, eine gescheiterte Religion ist. Warum? Weil es sich auf den Umgang mit „geistlichen Bedürfnissen" spezialisiert hat, unter Ausschluss der körperlichen und sozialen Bedürfnisse. Es hat sich auf „mich" und „meine ewige Bestimmung" konzentriert, aber es hat darin versagt, eine Antwort auf die herrschenden soziologischen und globalen Realitäten des Lebens zu geben: systemische Ungerechtigkeit, Armut und Missstände. Sollte es eine Botschaft, die behauptet, die beste Nachricht der Welt zu sein, nicht besser hinbekommen? Wir benötigen eine Form des christlichen Glaubens, die ganzheitlich, integrierend und ausbalanciert ist, die von der Gnade Gottes zu einzelnen Menschen, zu den Gesellschaften und dem gesamten Planeten spricht. Wir müssen dringend lernen, ein Leben Christi zu leben, anstatt einfach nur zur Kirche zu gehen, wenn wir in dieser aufbrechenden Kultur unterwegs sind. Die Täufer wissen darüber mehr als der Rest unter uns und ihr (die Täufer) solltet euer Wissen auf andere abfärben lassen.[40]

Tom Sine, anerkannter Futurologe, Mitglied von *Mustard Seed Associates*, und Autor von *The New Conspirators*,[41] stimmt dem zu:

Gott tut etwas Neues in diesen unsicheren Zeiten durch eine neue Generation, die einen eindeutigen täuferischen Akzent besitzt. Diese jungen Initiatoren kreieren neue Wege, um in der Welt und in der Kirche etwas zu bewirken, und sie laden uns alle ein, einen radikaleren, das ganze Leben umfassenden Glauben zu ergreifen und Gemeinden zu schaffen, die in ihrer Mission stärker nach außen fokussiert sind. Wie Jim Wallis beobachten konnte (ja, Jim Wallis und Sojourners sind ein weiteres Beispiel für den Einfluss der Täufer), haben sich viele dieser jungen Aktivisten vom Einfluss der religiösen Rechten abgewandt, um eine biblischere, progressivere Agenda für die soziale Transformation in Angriff zu nehmen. Sie sind in der Regel wesentlich stärker dazu entschlossen, für soziale Gerechtigkeit, Versöhnung der Rassen, und die Sorge um Gottes gute Schöpfung zu arbeiten, als viele der Kirchen, aus denen sie kommen. … Diese neuen täuferischen Verschworenen haben die Möglichkeit, eine wachsende Anzahl junger

---

40 Siehe www.mennoweekly.org/2008/4/21.

41 Tom Sine, *The New Conspirators* (Milton Keynes: Paternoster, 2008).

Menschen aufzurufen, die außerhalb der Tradition der Täufer stehen, sich auf eine biblischeren radikalen Ansatz einzulassen, im Blick auf Leben, Glauben, Zeugnis für den Frieden und Umweltschutz.[42]

Und der evangelikale Konferenzredner und Autor Gregory Boyd, Präsident von *Christus Victor Ministries*, schwärmt:

Auf der ganzen Welt entsteht eine wunderbare und machtvolle Graswurzelbewegung des Reiches Gottes. Millionen von Menschen lassen das Paradigma des Christentums im Blick auf den christlichen Glauben hinter sich, um authentischere Nachfolger Jesu zu werden. Von der *Emergent Church* über die *Urban Monastic*-Bewegung bis hin zu Tausenden anderer unabhängiger Gruppen und Bewegungen bekommen Menschen die Wahrheit in den Blick, dass das Reich Gottes wie Jesus aussieht und dass der Kern des Christseins darin besteht, ihn einfach nachzuahmen. Millionen werden für die Wahrheit empfänglich, dass Nachfolger Jesu dazu berufen sind, die Ungeliebten zu lieben, den Unterdrückten zu dienen, in Solidarität mit den Armen zu leben, den Verlorenen die Gute Nachricht zu verkünden und bereit zu sein, unser Leben für die Feinde hinzugeben. Ungezählte erkennen die Wahrheit, dass das Erkennungszeichen des Reiches Gottes die vollständige Absage an allen Hass und alle Gewalt ist und das restlose Vertrauen auf die Liebe und den Dienst an anderen, einschließlich unserer schlimmsten Feinde. Menschenmassen werden im Blick auf die Wahrheit wach, dass Nachfolger Jesu nicht dazu berufen sind, die Welt zu gewinnen, indem sie Macht *über* andere gewinnen, sondern dazu, Macht *unter* anderen auszuüben – die Kraft der sich aufopfernden Liebe.

Was vielen, die in dieser Bewegung involviert sind, fehlt, ist ein Empfinden für *Stammeszugehörigkeit* und *historische Verwurzelung*, nach der so viele Ausschau halten. Ein zentrales Merkmal der Postmoderne ist die Sehnsucht danach, „in einer Geschichte zu leben", die größer ist als man selbst. Darum sind viele auf der Suche nach einer Tradition, der sie sich anschließen können. Die einzige Tradition, die das verkörpert, wonach diese wachsende Generation der Reich-Gottes-Radikalen Ausschau hält, ist die Tradition der Täufer. Es ist die einzige Tradition,

[42] Tom Sine, 'Joining the Anabaptist Conspirators', *The Mennonite* (June 2008).

die sich dauerhaft politischer Macht und Gewalt verweigerte. Es ist die einzige Tradition, die die demütige, sich selbst aufopfernde Liebe zum Kernstück dessen machte, was es bedeutet, Jesus nachzufolgen. Es ist die einzige Tradition, die nicht blutgetränkt ist, und die einzige Tradition, die entfernt wie Jesus aussieht. Viele (eigentlich die *meisten*) der ersten Anführer dieser Bewegung im 16. Jahrhundert bezahlten ihren Nonkonformismus mit dem Christentum-Paradigma mit dem Martyrium. Diese Tradition ist ein Schatz, der gepflegt werden muss. Und es ist eine Tradition, deren Zeit gekommen sein dürfte, denn hier zeigt sich genau die Vision vom Reich Gottes, die heute Millionen zunehmend in den Blick bekommen.[43]

Was diese Kommentatoren bestätigen, ist, dass die täuferische Tradition, wie auch immer ihre Defizite aussehen, einen Ort der Zugehörigkeit und eine Quelle der Inspiration für die heutigen Christen anbietet, während sie mit den Herausforderungen einer nachchristlichen Gesellschaft konfrontiert werden, in der die lange vorherrschenden Formen des institutionalisierten Christseins zunehmend verfallen und ums Überleben kämpfen. Unabhängig davon, ob wir das Etikett „Täufer" als wünschenswert erachten, bietet diese an den Rand gedrängte Tradition einen festen Standort und eine Gemeinschaft, aus der man Kraft beziehen kann. Gregory Boyd ist nicht der einzige, der sich fragt, ob das Täufertum nicht eine „Tradition ist, deren Zeit gekommen sein dürfte" – nicht, weil sie makellos ist oder uns alles bietet, was wir benötigen, sondern weil sie profilierte und ungewöhnliche Dinge beizutragen hat.

Alan Kreider verdeutlichte diesen Gedanken mit einem Vergleich. Er lädt uns ein, sich die unterschiedlichen christlichen Traditionen als einen Chor vorzustellen. Manche der Stimmen haben lange geschwiegen oder wurden zum Schweigen gebracht, aber es gibt Anzeichen, dass sie wieder zu Gehör kommen.

Alternativ lässt sich auch an die Instrumente in einem Orchester denken. Jedes bringt seine charakteristische Art und Weise mit in die Musik ein, die das ganze Orchester zur Aufführung bringt. Die ver-

[43] Gregory Boyd bei einem Vortrag vor einer Mennonitenversammlung in Pittsburgh (Januar 2009).

schiedenen Instrumente klingen ganz unterschiedlich und beteiligen sich auch ganz unterschiedlich, wobei manche von Zeit zu Zeit stärker hervortreten als andere. Ihr Zusammenspiel bereichert die Vorstellung ebenso wie ihr einzigartiger Klang. Eine Zeit lang war das täuferische Instrument gar nicht da oder nur gedämpft zu hören. Die Vorstellung ging trotzdem weiter. Seine Abwesenheit wurde tatsächlich oft nicht einmal bemerkt. Aber irgendetwas hat gefehlt, und die Vorstellung erreicht ihren kritischen Moment, an dem das fehlende Instrument so sehr benötigt wird wie vielleicht noch niemals zuvor. Es ist aber auch kein Soloinstrument. Es ist nur ein Instrument im Orchester. Aber jetzt ist die Zeit für dieses Instrument da, selbstbewusst, aber mit Einfühlungsvermögen und in Harmonie mit den anderen Instrumenten, seinen eigenen Beitrag zu liefern.

Dieser Vergleich ist hilfreich, weil er drei Dinge bekräftigt, auf die dieses Buch beharrt. Erstens, die täuferische Tradition ist selbstbewusst und kräftig. Zweitens, sie ist nicht vollkommen oder frei von Unzulänglichkeiten. Drittens, sie ist eine unter anderen und teilt vieles mit Christen aller anderen Traditionen. Diejenigen, die sich heute mit ihr identifizieren, erkennen dankbar den großen Beitrag vieler anderer christlicher Traditionen an. Alles, was wir vorschlagen, ist, dass die marginalisierte täuferische Tradition ebenfalls etwas beizutragen hat.

Spiritualität und Nachfolge

Wir haben bereits, indem wir die sieben Grundüberzeugungen des *Anabaptist Network* als Rahmen genutzt haben, auf viele Gaben hingewiesen, die die Täuferbewegung vor allem für Christen in einer nachchristlichen Gesellschaft bereithält. Aber wir erkennen auch, dass diese Überzeugungen sich in laufender Bearbeitung befinden und dass sie die Vision der Täufer nicht vollständig zum Ausdruck bringen. Im erneuten Nachdenken über sie während der Abfassung dieses Buches kam ich zu der Überzeugung, dass wir sie bald erneut überarbeiten müssen, da wir laufend aus ihrer Tradition hinzulernen.

Zwei Aspekte, über die noch mehr zu sagen ist, sind die Spiritualität und die Nachfolge. Auch wenn die Nachfolge in den Grundüberzeugungen drei Mal erwähnt wird, so wird ihr besonderer Charakter in der täuferischen Tradition doch nicht komplett durchbuchstabiert. Die Nachfolge bildet das Zentrum des Täufertums. Es ist die ausgeprägte Spiritualität der Täufer, die ihre Nachfolge durch die Zeiten hindurch untermauert und speist.

Tatsächlich ist es wohl in allen christlichen Traditionen nicht erlaubt, Spiritualität und Nachfolge voneinander zu unterscheiden, aber das gilt ganz besonders im Täufertum. Denn seine Spiritualität ist eine „Spiritualität der Nachfolge". Dies ist auch die Schlussfolgerung in einem der denkwürdigsten und am meisten zitierten täuferischen Texte aus dem 16. Jahrhundert (er wurde auch hier schon in einem früheren Kapitel zitiert): „Niemand vermag Christus wahrlich zu erkennen, es sei denn, dass er ihm nachfolge mit dem Leben. ... und niemand kann ihm nachfolgen, es sei denn, er habe ihn zuvor erkannt." Echte Spiritualität und Nachfolge können nicht voneinander getrennt werden.

Während des vergangenen Jahres hat unsere Arbeitsgruppe David Augsburgers Buch *Dissident Discipleship* gelesen[44], in dem verschiedene Aspekte der Nachfolge in der Täufertradition erläutert werden. Wir haben uns mit den acht Praktiken, die er als wesentlich für die täuferische Nachfolge ansieht, beschäftigt. „Demut, die in Fleisch und Blut übergegangen ist", „authentisches Zeugnis" und „entschiedene Gewaltlosigkeit" gehören dazu. Mit dem letzten Kapitel über „subversive Spiritualität", müssen wir uns noch beschäftigen, aber es ist jetzt schon deutlich geworden, dass diese Übungen einem speziellen Verständnis der Spiritualität entspringen und von diesem auch getragen werden. Augsburger definiert es als „tripolare (dreipolige) Spiritualität".

Spiritualität ist in der Tradition der Täufer nicht „monopolar", konzentriert sich nicht ausschließlich auf eine subjektive Begegnung mit dem inneren Selbst. Sie ist auch nicht „bipolar", darauf konzentriert, sowohl Gott als auch sich selbst zu erkennen. Tripolare Spiritualität fügt noch eine dritte Dimension hinzu – unsere Beschäftigung mit anderen Menschen. „Die Spiritualität der persönlichen Transformation (die innere Reise), die Erfahrung der göttlichen Begegnung (die

[44] David Augsburger, *Dissident Discipleship* (Grand Rapids: Brazos, 2006).

Reise zu Gott hin) und die integere und solidarische Beziehung zum Nächsten (die mitmenschliche Reise mit Freund und Feind, mit dem Nächsten und dem Verfolger) können nicht voneinander getrennt werden. Eine tripolare Spiritualität betrachtet alle als miteinander verflochten."[45]

Die ersten Täufer benutzten den deutschen Begriff *Gelassenheit*, um diese Form der tripolaren Spiritualität zu verteidigen. Mittelalterliche Mystiker nutzten diesen Begriff, um eine Haltung der Distanz zur materiellen Welt zu beschreiben, die die Seele für die Suche nach Gott frei machen würde. Die Täufer interpretierten ihn jedoch ganzheitlich und wandten ihn auf viele Bereiche der Nachfolge an. Dazu gehörten für sie die Unterordnung unter die Herrschaft Christi, Gehorsam gegenüber den Lehren der Schrift, eine innere Haltung des Verzichtes, welcher der Bereitschaft entsprach, für seinen Glauben zu leiden, freigebige Großzügigkeit im Blick auf den eigenen Besitz, eine innige Abhängigkeit von Gott, Akzeptieren der Gemeindedisziplin, wahrheitsgemäßes Reden ungeachtet der Konsequenzen, und die Weigerung, sich selber zu verteidigen.

Tripolare Spiritualität oder *Gelassenheit* wird auch im Verständnis der Täufer sichtbar, was die zentralen christlichen Praktiken der Taufe und des Abendmahles betrifft. Für sie ist die Taufe nicht nur ein öffentliches Bekenntnis des Glaubens an Christus oder ein äußeres Zeichen für eine innere Erfahrung. Sie ist auch eine Bitte an die Gemeinde, seelsorgerliche Verantwortung für die Person zu übernehmen, die getauft worden ist, und auch eine Verpflichtung, sich der Disziplin der Gemeinschaft unterzuordnen, um als ein Nachfolger wachsen zu können. Und wenn die Mitglieder dieser Gemeinschaft Brot und Wein miteinander teilen, dann überprüfen sie nicht nur ihre eigenen Herzen und danken Gott. Sie erneuern dabei auch ihre gegenseitige Verpflichtung – ihre Ressourcen miteinander zu teilen und bereit zu sein, ihr Leben füreinander zu geben.

Gelassenheit ist die Spiritualität des „nackten Glaubens". Sie spricht von Verwundbarkeit und Offenheit, einem ungeschütztem Zugang zum Leben, dem Anerkennen der eigenen Schwächen und Fehltritte.

[45] Augsburger, *Dissident*, 13.

Es ist auch die Nachfolge des „nackten Glaubens“. Sie spricht von Gewaltlosigkeit, Aufrichtigkeit und Ehrlichkeit und der Bereitschaft die eigenen Ressourcen einzusetzen, um die Nöte anderer zu lindern. Und weil sie darauf verzichtet, gesellschaftlich erfolgreich sein zu wollen und auch nicht bemüht ist, andere zu beeindrucken, ist sie grundsätzlich subversiv. Sie lässt sich nicht einschüchtern oder In-die Knie-zwingen durch diejenigen, die Macht, Reichtum oder Wissen besitzen. Es ist kein Zufall, dass die Praxis der Fußwaschung in täuferischen Gemeinschaften weiter verbreitet war als in den meisten anderen Traditionen, denn sie symbolisiert den Geist der *Gelassenheit* und sie verweist ihre Mitglieder zurück auf diese Haltung und zu diesem Verhalten. Es ist diese „Gelassenheit“, nach der sich die Täufer und viele andere Christen verschiedener Prägungen im Verlauf der Jahrhunderte immer wieder gesehnt haben.[46]

Das Täufertum heute

Die täuferische Tradition ist also fehlerhaft und unvollkommen. Selbst in ihrer besten Form benötigt sie Einsichten von anderen zur Korrektur ihrer Unausgewogenheit. Aber für viele Christen heute ist sie dennoch inspirierend und lebensspendend. Manche gehen davon aus, es könnte eine Tradition sein, deren Zeit jetzt, in den nachchristlichen Gesellschaften des Westens, gekommen ist. Unsere Hoffnung ist, dass *Nackter Glaube* dazu ermutigen wird, sich intensiver mit ihr zu beschäftigen.

Warum? Es geht dabei nicht in erster Linie darum, dass das *Anabaptist Network* oder der Einfluss der Täufertradition größer werden. Wir interessieren uns weniger für die Täuferbewegung an sich, sondern für eine Tradition, die uns dabei hilft, treuere Nachfolger Jesu zu sein.

Wir zollen den Generationen von täuferische Christen Anerkennung, die so treu Zeugnis gegeben haben, sich der Anpassung an soziale Normen verweigerten, neue Wege des Kircheseins beschritten,

[46] Ein eindeutiges Beispiel ist Franziskus von Assisi, dessen Spiritualität der Nachfolge sehr viel mit der täuferischen Tradition gemein hatte, und der davon sprach, „nackt dem nackten Christus zu folgen“.

vorherrschende Prämissen im Blick auf die Gewalt infrage stellten, und die manchmal auch schrecklich leiden mussten. Wir nehmen auch frühere nonkonformistische Bewegungen wahr, deren Erbe sich in der Täufertradition niedergeschlagen hat und deren Mut und Entschlossenheit uns ebenfalls inspirieren. Und manche unter uns verstehen sich als „Täufer-gesinnt“, „Täufer-beeinflusst“, „Täufer-orientiert“, „Bindestrich-Täufer“ oder einfach als „Täufer“ (auch wenn wir uns dessen bewusst sind, dass uns dies heute längst nicht mehr so viel kostet wie in der Vergangenheit). Aber wir sind an der Tradition der Täufer nur als Mittel zum Zweck interessiert. Wir haben in ihr ein ungewöhnlich hilfreiches Objektiv, durch das wir auf die Schrift sehen können. Sie stellt uns genauso infrage und stört uns auf wie sie uns inspiriert, indem sie uns zu einer Nachfolge aus ganzem Herzen auffordert. Und sie verweist uns immer wieder auf Jesus zurück, als den einen, dem wir nachfolgen und den wir anbeten sollen.

Quellen zum Täufertum

Das *Anabaptist Network*, gegründet 1991, ist ein Beziehungsnetzwerk von Einzelpersonen, die daran interessiert sind, von der täuferischen Tradition und voneinander zu lernen. Durch Veröffentlichungen, Arbeitsgruppen, Konferenzen, Newsletter, einem theologische Forum und einer Website bietet es seinen Mitgliedern aber auch anderen Ressourcen an. Weitere Informationen erhalten Sie auch über die Fachstelle für täuferische Theologie und Geschichte am Theologischen Seminar Bienenberg (www.bienenberg.ch).

Bücher

Geschichte des Täufertums

Goertz, Hans-Jürgen, *Die Täufer. Geschichte und Deutung*. München: Beck 1980.

Hoover, *Peter, Feuertaufe – Das radikale Leben der Täufer – eine Provokation*. Berlin: Down to earth 2006.

Lichdi, Diether Götz, *Die Mennoniten in Geschichte und Gegenwart – Von der Täuferbewegung zur weltweiten Freikirche*. Weisenheim am Berg: Agape 2004.

Hoekema, Alle & Hanspeter Jecker (Hg.), *Testing Faith and Tradition: Europe: A Global Mennonite History*. Intercourse PA 2006. (Das Buch erscheint 2014 auf Deutsch im Neufeld Verlag).

Täufertum Heute

Enns, Fernando (Hg.), *Heilung der Erinnerungen – befreit zur gemeinsamen Zukunft: Mennoniten im Dialog*. Frankfurt am Main: Lembeck 2008.

Enns, Fernando, *Friedenskirche in der Ökumene. Mennonitische Wurzeln einer Ethik der Gewaltfreiheit*. Göttingen: 2003.

Fast, Heinold, *Eine Stimme aus den historischen Friedenskirchen, in: Beiträge zu einer Friedenstheologie.* Maxdorf: Agape 1982.

Geddert, Timothy J., *Verantwortlich leben – Wenn Christen sich entscheiden müssen.* Neufeld Verlag 2004.

Goertz, Hans Jürgen, *Das schwierige Erbe der Mennoniten: Aufsätze und Reden.* Leipzig: Evangelische Verlagsanstalt 2002.

Jecker, Hanspeter (Hg.), *Jesus folgen in einer pluralistischen Welt: Impulse aus der Arbeit John Howard Yoders.* Weisenheim am Berg: Agape 2001.

Kateregga, Badru D. und Shenk, David W., *Woran ich glaube – Ein Muslim und ein Christ im Gespräch.* Schwarzenfeld: Neufeld 2005

Kreider, Alan & Eleanor, Widjaja, Paulus, *Eine Kultur des Friedens – Gottes Vision für Gemeinde und Welt.* Schwarzenfeld: Neufeld 2008.

Lange, Andrea, *Die Gestalt der Friedenskirche.* Maxdorf: Agape 1988.

Lind, Tim & Tshimika, Pakisa, *Teilen, was wir sind und haben. Als Kirche weltweit geben und empfangen.* Schwarzenfeld: Neufeld 2006.

Neufeld, Thomas R. Yoder, *Christus ist unser Friede – Die Kirche und ihr Ruf zu Wehrlosigkeit und Widerstand.* Schwarzenfeld: Neufeld 2007.

Neufeld, Alfred, *Was wir gemeinsam glauben: Täuferisch-mennonitische Überzeugungen.* Schwarzenfeld: Neufeld 2008.

Ott, Bernhard, *Die Kirche – 7 Gründe, warum ich sie liebe.* Schwarzenfeld: Neufeld 2007.

Ott, Bernhard, *Schalom – Das Projekt Gottes.* Weisenheim am Berg: Agape 2007.

Snyder, C. Arnold, *Täuferische Saat – Weltweites Wachstum, Die historische Mitte täuferischer Identität.* Weisenheim am Berg: Agape 1999.

Yoder, John Howard, *Die Politik des Leibes Christi – Als Gemeinde zeichenhaft leben.* Schwarzenfeld: Neufeld 2011.

Yoder, John Howard, *Die Politik Jesu.* Schwarzenfeld: Neufeld 2012.

Quellen für die Andacht

Take Our Moments and Our Days. Scottdale, PA: Herald Press 2007. Ein Gebetbuch der Täufer in zwei Bänden, das von mehreren Autoren zusammengestellt wurde. Der erste Band enthält Morgen- und Abendgebete für den Zeitraum zwischen Advent und Pfingsten. Der zweite Band bietet einen vierwöchigen Zyklus für den Rest des Kirchenjahres (die so genannte „normale Zeit"). Hier sind im Fokus die Lehre und der Dienst Jesu: Das Vaterunser (Woche 1), die Seligpreisungen (Woche 2), die Gleichnisse Jesu (Woche 3) und die Wunder Jesu (Woche 4).

Kropf, Marlene & Eddy Hall, *Praying with the Anabaptists: The Secret of Bearing Fruit.* Newton, KS: Faith and Life Press 1994.

Snyder, C. Arnold & Galen Peters (eds.), *Reading the Anabaptist Bible.* Kitchener, Ontario: Pandora 2002.

Webseiten

www.nackterglaube.org; hier finden sich Informationen, Ressourcen, Kontakt- und Weiterbildungsmöglichkeiten rund um das Thema des vorliegenden Buches

www.anabaptistnetwork.com; die Website des *Anabaptist Network*, mit Informationen über die Aktivitäten des Netzwerkes und ausführlichen Informationen zum Täufertum.

www.ekklesia.co.uk; die umfangreiche Website des christlichen politischen Ideenschmiede *Ekklesia*, die durch täuferische Ansichten geprägt ist.

www.gameo.org; die *Global Anabaptist Mennonite Online*-Enzyklopädie, eine sehr umfangreiche Website mit vielfältigen Ressourcen zum Täufertum.

www.menno.org.uk; die Website des Mennonite Trust, einer verstreuten Gemeinschaft von täuferisch-mennonitisch inspirierten Menschen, die auch einen Online-Buchladen betreibt. Früher: *London Mennonite Centre*).

www.urbanexpression.org.uk; Die Website von *Urban Expression*, einer innerstädtischen Missionsagentur, die täuferische Werte vertritt.

www.mwc-cmm.org; Homepage der Mennonitischen Weltkonferenz.
www.etg.ch; Bund evangelischer Täufergemeinden (ETG) in der Schweiz
www.menno.ch; Konferenz der Mennoniten der Schweiz
www.mennoniten.de, Arbeitsgemeinschaft Mennonitscher Gemeinden in Deutschland
www.ambd.de; Arbeitsgemeinschaft Mennonitischer Brüdergemeinden in Deutschland
www.bienenberg.ch; das Theologische Seminar Bienenberg bietet verschiedene Aus- und Weiterbildungsprogramme an.
www.compax.org; Organanisation, die Weiterbildungsseminare und Beratung zum Thema Leitung und Konflikttransformation anbietet
www.mennlex.de; Mennonitisches Lexikon (Band V: Revision und Ergänzung)

Fragen zur Vertiefung und für das Gespräch

Grundüberzeugung 1

Jesus ist unser Vorbild, Lehrer, Freund, Erlöser und Herr. Er ist die Quelle unseres Lebens, der zentrale Bezugspunkt für unseren Glauben und unseren Lebensstil, für unser Verständnis von Kirche und für unser Engagement in der Gesellschaft. Wir sind entschlossen, Jesus nachzufolgen und anzubeten.

1. „Vorbild, Lehrer, Freund, Erlöser, Herr“: Mit welcher dieser Bezeichnungen für Jesus identifizieren Sie sich am *wenigsten*? Wie könnten Sie diesem Aspekt weiter nachgehen?
2. Welche Beispiele veranschaulichen, dass Jesus „der zentrale Bezugspunkt“ für Ihr Leben oder Ihre Gemeinde ist? Welche Beispiele zeigen, dass er es *nicht* ist?
3. Sind Sie auch der Meinung, dass Jesus an vielen Orten angebetet, aber ihm nicht nachgefolgt wird? Welche Auswirkungen hat das?
4. Hans Denck schrieb: „Niemand kann Christus kennen, solange er ihm nicht in seinem Leben nachfolgt“. Teilen Sie diese Auffassung oder ist das eine Rückkehr zur „Erlösung durch Werke“?
5. Was meinen Sie zu dem Vorschlag, dass wir den Begriff „Christen“ fallen lassen und uns selber als „Nachfolger Jesu“ bezeichnen sollten?

Grundüberzeugung 2

Jesus ist der Dreh- und Angelpunkt der Offenbarung Gottes. Wir sind einem Jesus-zentrierten Zugang zur Bibel verpflichtet. Zugleich ist die Gemeinschaft der

Glaubenden unser primärer Kontext, in dem wir die Bibel lesen und über die Konsequenzen für unsere Nachfolge entscheiden.

1. Bedeutet ein „Jesus-zentrierter Zugang zur Bibel“ unweigerlich, dass Teile der Schrift abgewertet werden?
2. Erinnern Sie sich an Bibelarbeiten, an denen Sie teilgenommen haben. Haben diese die „Bündelung von Unkenntnis“ verhütet? Wie können Christen befähigt werden, um die Bedeutung biblischer Texte wahrzunehmen und anzuwenden?
3. Wie können Gemeinden der üblichen Dominanz monologischer Predigten entgegenwirken? Oder sollten sie es überhaupt versuchen?
4. Welche praktikablen Wege kommen Ihnen in den Sinn um sicherzustellen, dass biblische Texte nicht in ihrer Auslegung stecken bleiben, sondern praktiziert werden und zur Nachfolge führen?

Probieren Sie die Methode des „im Wort wohnen“ in Ihrer Gruppe aus: Jeder erhält eine Kopie eines ausgesuchten Bibelabschnitts. Den Abschnitt laut lesen und dann Zeit geben zu stiller Reflexion. Jeder hält für sich wichtige Gedanken schriftlich fest. Dann folgt ein Austausch zu zweit über das, was mich angesprochen hat und was ich vom anderen höre. Anschließend berichtet jeder in der ganzen Runde, was *sein Gesprächspartner* für sich festgehalten hat

Grundüberzeugung 3

Die westliche Kultur entwächst allmählich einer vom Christentum dominierten Ära, in der Kirche und Staat gemeinsam die Gesellschaft leiteten und die nahezu jeden Menschen als Christ verstand. Ungeachtet seiner positiven Beiträge im Blick auf Werte und Institutionen hat dieses Christentum das Evangelium verzerrt. Es marginalisierte Jesus und hinterlässt die Kirchen schlecht ausgerüstet für die Mission in einer nachchristlichen Kultur. Bewegungen wie die der Täufer haben diese Art Christentum zurückgewiesen und nach alternativen

Denkansätzen und Verhaltensweisen gesucht. Unsere Reflexion darüber bewegt uns, von deren Erfahrungen und Perspektiven zu lernen.

1. Woran erkennen Sie, dass Ihre Gemeinde in einer nachchristlichen Zeit lebt?
2. Halten sich Täufer zu lange mit dem konstantinischen Christentum auf – unfähig, die vielen positiven Errungenschaften anzuerkennen?
3. Welche „alternativen Wege und Verhaltensweisen" bietet die täuferische Tradition? Wie könnten Sie und Ihre Gruppe/Gemeinde davon lernen?
4. Wie könnten Sie auf Einsichten anderer marginalisierter Bewegungen zugreifen und sehen, ob sich bei ihnen ebenfalls täuferische Sichtweisen finden?
5. Wie passend empfinden Sie die Analogie des „Exils", um die Situation der Kirche im Westen zu beschreiben? Gibt es andere hilfreiche Leitmotive, die wir nutzen könnten?

Grundüberzeugung 4

Die häufige Verbindung der Kirche mit Status, Reichtum und Macht ist der Nachfolge Jesu unangemessen und schadet unserem Zeugnis. Wir verpflichten uns, nach Wegen zu suchen, die für die Armen, Machtlosen und Verfolgten eine gute Nachricht sind. Wir sind uns bewusst, dass diese Art der Nachfolge Widerspruch auslösen und zum Leiden führen kann, ja manchmal sogar im Martyrium enden könnte.

1. Wie können Christen vermeiden, sich auf Status und Reichtum einzulassen, wenn das Evangelium in einer Gesellschaft viele Anhänger gewinnt? Sollten sie versuchen, dies zu vermeiden?
2. Auf welche Art und Weise beschädigt die „Verbindung von Status, Reichtum und Macht" das Zeugnis der Nachfolger Jesu?
3. Welche Beispiele zeigen, dass jemand (Sie selbst oder andere) eine „gute Nachricht für die Armen" gewesen ist?

4. Welche Möglichkeiten bieten sich einer randständigen Kirche, die eine herrschende Kirche nicht hat?
5. Wie gehen westliche Kirchen mit 2. Tim 3,12 um?

Grundüberzeugung 5

Gemeinden sind dazu berufen, verbindliche Gemeinschaften der Nachfolge und Mission zu sein, Orte der Freundschaft, der gegenseitigen Verantwortlichkeit und eines vielstimmigen Gottesdienstes. Wir teilen Brot und Wein miteinander und stärken unsere Hoffnung, indem wir uns gemeinsam auf Gottes Herrschaft ausrichten. Hier werden Junge und Alte wertgeschätzt, Leiterschaft wird in beratender Haltung ausgeübt, Dienste werden geschlechtsunabhängig und gabenorientiert wahrgenommen, und es wird die Glaubenstaufe praktiziert. Solche Gemeinden wollen wir fördern und entwickeln.

1. Ist es in der gegenwärtigen Gesellschaft realistisch, gegenseitige Ermahnung zu praktizieren? Wie könnte Ihre Gemeinde versuchen, diese Praxis einzuführen?
2. Welche Rolle spielen Mahlzeiten und Gastfreundschaft in Ihrer christlichen Erfahrung? Wie könnten Sie diese Praxis auf neue Art und Weise ausloten?
3. Wie könnte Ihre Gemeinde eine gesunde Balance zwischen Beratung und Leitung finden?
4. Welche Menschen sind Ihrer Erfahrung nach in Gefahr, ausgeschlossen zu werden? Wie können sie Gehör finden?
5. Was würde es für Ihre Gemeinde bedeuten, wenn sie Hubmaiers „Verpflichtung zur Liebe" regelmäßig und mit innerer Beteiligung im Rahmen des Abendmahls praktizieren würde?

Grundüberzeugung 6

Spiritualität und Ökonomie sind eng miteinander verbunden. In einer individualistischen und konsumorientierten Gesellschaft und in einer Welt voller ökonomischer Ungerechtigkeit sind wir entschlossen,

Wege eines einfachen Lebensstils zu finden, großzügig zu teilen, die Schöpfung zu bewahren und uns für Gerechtigkeit einzusetzen.

1. Worin liegt der Unterschied, ob wir uns im Umgang mit dem, was wir haben, von dem Gedanken der Wohltätigkeit oder Gerechtigkeit leiten lassen?
2. Lesen Sie gemeinsam Apg 2,42-47 und Apg 4,32-37. Hatten die Täufer Recht, die hier eine Anordnung für eine in Gütergemeinschaft lebende Gemeinde fanden?
3. Wie sind Spiritualität und Ökonomie in der Praxis miteinander verbunden? Welche der beiden beeinflusst die andere mehr?
4. Was können Sie tun, um dem Einfluss von Individualismus und Konsum auf Ihr persönliches Leben zu widerstehen?
5. Wo liegen in vielen Gemeinden die Probleme mit der gegenwärtigen Praxis des Zehnten?

Grundüberzeugung 7

Frieden ist das Herz des Evangeliums. Als Nachfolger Jesu in einer uneinigen und gewalttätigen Welt suchen wir nach gewaltlosen Alternativen. Wir lernen, wie sich Frieden stiften lässt zwischen einzelnen Menschen, innerhalb und zwischen Kirchen, in der Gesellschaft und zwischen Nationen.

1. Stimmen Sie zu, dass „Frieden das Herz des Evangeliums ist"? Wenn nicht, wie wichtig ist Frieden im Rahmen des Evangeliums?
2. Ist der Ansatz des „Gerechten Krieges" angesichts der modernen Kriegsführung noch anwendbar? Würde man ihn anwenden, wo läge der Unterschied?
3. Ist es wichtig, dass Vertreter der Gewaltlosigkeit auch die Wirkungskraft dieses Ansatzes demonstrieren müssen?
4. An welchen Friedensinitiativen sind Sie beteiligt, oder könnten Sie sich eine Beteiligung vorstellen?
5. „Lasst die Christen in der Welt sich darin einig werden, einander nicht umzubringen." Wie reagieren Sie auf diesen „bescheidenen Vorschlag zum Frieden"?

Und schließlich …

1. Welche Aspekte der Täufertradition inspirieren Sie oder fordern Sie heraus?
2. Wie könnten Sie darauf reagieren?
3. Welche Aspekte der täuferischen Bewegung empfinden Sie unattraktiv? Warum?
4. Welchen Themen des *Nackten Glaubens* möchten Sie gerne weiter nachgehen? Wie wollen Sie das anstellen?

WEITERE BÜCHER AUS DEM NEUFELD VERLAG ZUM THEMA

Friedemann Büttel, ***Mehr!*** *Warum es sich lohnt, Jesus zu folgen.* ISBN 978-3-86256-158-2, 2020

Bruxy Cavey, ***Jesus. Punkt.*** *Gute Nachricht für Suchende, Heilige und Sünder.* Edition Bienenberg, Band 7. ISBN 978-3-86256-094-3, 2019

Joel Edwards, ***Unwiderstehlich*** – *Kirche, die Jesus verkörpert.* ISBN 978-3-86256-004-2, 2010

Michael Frost & Alan Hirsch, ***Der wilde Messias*** – *Mission und Kirche von Jesus neu gestaltet.* ISBN 978-3-937896-75-5, 2. Auflage 2010

Alan Hirsch, ***Vergessene Wege*** – *Die Wiederentdeckung der missionalen Kraft der Kirche.* ISBN 978-3-86256-025-7, 2011

Bernhard Ott, ***Tänzer und Stolperer*** – *Wenn die Bergpredigt unseren Charakter formt.* ISBN 978-3-86256-156-8, 2019

Dallas Willard, ***Jünger leben mittendrin.*** Mit Beiträgen von John Ortberg. ISBN 978-3-86256-055-4, 2014

Dallas Willard, ***Jünger wird man unterwegs*** – *Jesus-Nachfolge als Lebensstil.* ISBN 978-3-86256-008-0, 5. Auflage 2018

John Howard Yoder, ***Die Politik des Leibes Christi*** – *Als Gemeinde zeichenhaft leben.* ISBN 978-3-86256-016-5, 2011

DIE EDITION BIENENBERG IM NEUFELD VERLAG

Band 7 (2019): Bruxy Cavey, ***Jesus. Punkt.*** *Gute Nachricht für Suchende, Heilige und Sünder*

Band 6 (2017): Lukas Amstutz/Hanspeter Jecker (Herausgeber), ***Fit für die Welt!?*** *Beiträge zu einer friedenskirchlichen Theologie und Gemeindepraxis*

Band 5 (2014): Stuart Murray, ***Nackter Glaube*** – *Christsein in einer nachchristlichen Welt*

Band 4 (2012): John Howard Yoder, ***Die Politik Jesu***

Band 3 (2011): John Howard Yoder, ***Die Politik des Leibes Christi*** – *Als Gemeinde zeichenhaft leben*

Band 2 (2005): Thomas R. Yoder Neufeld, ***Christus ist unser Friede*** – *Die Kirche und ihr Ruf zu Wehrlosigkeit und Widerstand* (nur noch direkt beim Bildungszentrum Bienenberg erhältlich)

Band 1 (2005): Martin Forster/Hanspeter Jecker (Herausgeber), ***Faszination Heiliger Geist*** – *Herausforderungen charismatischer Frömmigkeit* (nur noch direkt beim Bildungszentrum Bienenberg erhältlich)

DAS LEBEN IST
EINE LERNREISE.
THEOLOGIE
INSPIRATION
COMPAX
LEITUNG
Mit täuferisch-friedenstheologischen Werten & Überzeugungen
- fördern wir einen glaubwürdigen Lebensstil
- begleiten wir Gemeinden mit inspirierenden Seminaren
- stärken wir Konfliktfähigkeit mit Coaching und Weiterbildungen
www.bienenberg.ch
BIENENBERG
BILDUNG IM ZENTRUM